すぐに▼役立つ

相続登記・相続税・事業承継の法律と書式

公認会計士・税理士 **武田 守** ／ 司法書士 **旭 祐樹** 監修

三修社

はじめに

　高齢化社会や家族構成の多様化の影響もあって相続についての関心は高まるばかりです。相続により、近親者間でもめごとが生じたり、家業の継承の問題が生じることもありますから、トラブルが生じないようにあらかじめ対策を立てておくことが大切です。

　相続手続きの中で重要なポイントのひとつが**遺産分割**です。遺産分割は、相続開始後に個々の相続財産を、それぞれの相続人の所有物として確定する手続きです。相続人全員の話し合い（遺産分割協議）によって決定されることから、いかにスムーズに遺産分割協議を行うかが、遺産相続の成否を握るカギとなります。遺産分割が終われば、後は**登記**や**税金**（相続税など）が問題となります。遺産に不動産があれば不動産登記の名義の変更手続きが必要になります。

　また、相続税を納めなければならない場合もあります。遺産総額が一定額（基礎控除額）より少なければ、相続税を納める必要はありませんが、基礎控除額（3,000万円＋法定相続人の数×600万円）を超える場合には申告して納税しなければなりません。

　本書は、遺産分割、相続登記、遺贈、遺産の評価、税額計算の仕方、申告書の書き方、添付書類など、相続をする上で直面する重要な法律知識、手続き、書式作成の仕方を平易に解説した入門書です。第6章では、事業承継により会社の株式を引き継ぐ場合の手続き、税務についてもとりあげています。

　なお、令和3年の不動産登記法改正によって令和6年頃までには相続登記が、令和8年頃までには住所氏名変更登記が義務化されます。本書では、義務化される相続登記や住所氏名変更登記のしくみや申請手続き、書式作成の仕方についても解説しています。

　本書を通じて、相続に関心を持つ皆様のお役に立てれば幸いです。

監修者　　　　　司法書士　旭　　祐樹

公認会計士・税理士　武田　　守

Contents

はじめに

第3章　相続に関連するその他の手続き

第１章

相続の基礎知識

1 相続人の範囲をおさえる

相続人の範囲は法定されている

▎相続人になれるかどうかは法律で定められた順位による

　亡くなった人の財産を承継するわけですから、その人の家族や身内など、親族に相続権があります。民法は、相続人になれる人の範囲を明確に定めています（範囲内の人を**法定相続人**ともいいます）。つまり、民法が定めた範囲内の人だけが**相続人**となり、それ以外の者は相続人にはなれません。

　相続人の範囲は、次ページの図のとおりです。配偶者が相続権を有することになるのですが、相続人になるのは相続開始時の配偶者だけで、離婚した元配偶者は相続人には含まれません。配偶者とは、婚姻届を提出して法律上の婚姻関係にある夫または妻のことです。

　では、「子と兄弟姉妹とが並んで相続する」ということはあり得るのでしょうか。これについては、順位が定められており、上の順位の者がいるときは、下の順位の者に相続権はありません（被相続人の生存中に相続順位にある人を**推定相続人**といいます）。

　被相続人に子がある場合には、子が相続人となり、たとえ直系尊属がいても、また被相続人に兄弟姉妹がいてもこれらの者に相続権はありません。被相続人に子がいないときは、直系尊属がいれば相続人となります。兄弟姉妹が相続人になるのは、被相続人に子も直系尊属もいないときに限られます。

　相続人のうち、配偶者はどのような立場にあるのでしょうか。民法は、「被相続人の配偶者は、常に相続人となる」と定めています（民法890条）。つまり第1順位の子がいる場合は、子と配偶者とが相続人となり、第2順位の直系尊属が相続人となるときは、配偶者と直系尊属

が相続人となり、第3順位の兄弟姉妹が相続人になったときは、配偶者と兄弟姉妹が相続人となるということです。もちろん、子も直系尊属も兄弟姉妹もいなければ、全財産は配偶者が相続する事になります。

なお、配偶者や血族が同時に死亡した場合は、相続人にはなりません。たとえば、飛行機事故で親子が同時に死亡しても、子は親を相続できませんし、親も子を相続できません。

■ 相続人の範囲 ··

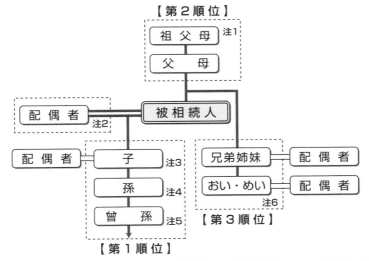

注1 父母が死亡・相続権を失ったとき相続人となる
注2 他の相続人と同順位で常に相続人となる
注3 養子及び胎児も含まれる
注4 子が死亡・相続権を失ったとき相続人となる
注5 孫が死亡・相続権を失ったとき相続人となる
　　（曾孫以降も再代襲が生じる）
注6 兄弟姉妹が死亡・相続権を失ったとき相続人となる
　　（おい・めいの子以降の再代襲は生じない）

相続権を失う場合もある

相続欠格や相続廃除がある

相続人となるはずの人が相続権を失うことがある

　相続人となるはずであったのに、相続権を失う場合として、相続欠格と相続廃除の制度があります。

①　相続欠格

　本来は相続人になるはずの人（推定相続人）でも、法に触れる行為をしたなどの一定の事情があると、相続人になれません。このことを**相続欠格**といいます。相続欠格に該当した場合は、特別な手続がなくても相続権をすべて失います。相続欠格は遺言よりも強い効力があるので、遺贈を受ける資格も失います。しかし、被相続人の子または兄弟姉妹の相続欠格が確定したとしても、相続欠格者の子は代わって相続権を得ます。つまり、被相続人の子Ａが相続欠格となった場合、Ａの子（被相続人の孫）が相続権を得るということです（代襲相続）。相続欠格となる事情は、以下のように定められています。

ⓐ　故意に（わざと）、被相続人または先順位あるいは同順位にある相続人を死亡させたり、死亡させようとした（未遂）ために、刑に処せられた者

ⓑ　詐欺・強迫によって、被相続人が相続に関する遺言をし、撤回し、取消し、または変更することを妨げた者

ⓒ　詐欺・強迫によって、被相続人に相続に関する遺言をさせ、撤回させ、取り消させ、または変更させた者

ⓓ　被相続人の遺言書を偽造、変造、破棄、隠匿した者

ⓔ　被相続人が殺されたことを知って、これを告発、告訴しなかった者（ただし、告訴などができない小さな子の場合や殺害者が配偶者

や子や孫などの場合は除く）

② **相続廃除**

相続欠格ほどの理由がない場合でも、被相続人の意思で相続権を奪う**相続廃除**という制度があります。相続廃除の対象になるのは、遺留分を持つ推定相続人（配偶者、子、直系尊属）だけで、遺留分を持たない兄弟姉妹は廃除の対象になりません。兄弟姉妹は遺言によって相続させないことができるからです。そして、廃除の請求をするかどうかは、被相続人の自由ですが、相続人としての資格を否定する制度なので、法的な手続きが必要です。

相続廃除ができるのは、以下の3つの事情がある場合です。

ⓐ　被相続人に対して虐待をしたとき

ⓑ　被相続人に対して重大な侮辱をしたとき

ⓒ　その他の著しい非行があったとき

これらの事情に該当するかどうかは、家庭裁判所の審判によって判断されます。家庭裁判所による廃除の審判が確定し、市区町村にその旨を届け出ると、その相続人は相続権を失います。そして、被相続人の子が相続廃除されたときでも、廃除者の子が代わって相続権を得ることは、相続欠格の場合と同じです。

■ **相続廃除とは** ･･･

推定相続人　　　　　　虐待・重大な侮辱　　　　　　被相続人

● 被相続人に対して虐待をした
● 被相続人に重大な侮辱を加えた
● その他著しい非行があった

家庭裁判所への相続廃除審判の申立て

廃除の審判の確定後、その旨を市区町村へ届け出ると相続権を失う

3 相続分について知っておこう

遺言のないケースでは法定相続分による

▌相続分といってもいろいろある

　被相続人が死亡したとき、子も親も兄弟姉妹もなく、遺されたのが配偶者１人だけだったという場合には、その人が全財産を相続するだけです。これに対して、相続人が２人以上いる場合には相続分が問題になります。**相続分**とは、それぞれの相続人が持っている遺産（相続財産）に対する権利の割合です。

　相続人が２人以上いる場合、相続分については、被相続人の遺言で定められた割合（**指定相続分**）が優先し、遺言がなければ民法で定められた割合（**法定相続分**）に従うのが原則です。

①　指定相続分

　被相続人が、相続人ごとの相続分を自由に決めて、遺言で指定した相続の割合のことです。具体的な割合を示さずに、特定の人を遺言で指名して、その人に相続分の決定を一任することもできます。

②　法定相続分

　実際には、遺言のない相続のほうがケースとしては多く、この場合は民法が相続分を定めているので、これに従って相続することになります。これを法定相続分といいます。法定相続分の割合は、次ページの図のようになっています。実際に誰が相続人になるかによって、法定相続分の割合が変化します。

▌全血兄弟と半血兄弟

　法定相続分の例外的な取扱いとして「全血兄弟」と「半血兄弟」の区別があります。**全血兄弟**とは、被相続人と父母の双方を同じくする

兄弟姉妹をいうのに対し、**半血兄弟**とは、父母の一方だけが同じ兄弟姉妹をいいます。

　この場合の相続分は「全血兄弟：半血兄弟＝２：１」という割合になります。この区別は子が相続人になる場合ではなく、兄弟姉妹が相続人になる場合だけの話ですので注意しましょう。

▌相続分を指定しても遺留分は減らせない

　遺言による相続分の指定は自由ですが、兄弟姉妹以外の相続人には遺言によって影響されない遺留分（次ページ）があります。全体の遺留分は、直系尊属だけが相続人である場合は遺産の３分の１、それ以外の場合は遺産の２分の１です。

　この遺留分に配慮しながら相続分を指定しなければ、遺留分よりも少ない割合で指定された相続人は遺留分侵害額請求（17ページ）をする可能性があります。遺言を作成するときは注意しましょう。

■ 法定相続分 ··

<配偶者>　　　　　　　　　　　<血族>

第１順位

| 配偶者 | 相続分 $\frac{1}{2}$ | 相続分 $\frac{1}{2}$ | 子 |

※子の直系卑属が代襲相続する場合あり

第２順位

| 配偶者 | 相続分 $\frac{2}{3}$ | 相続分 $\frac{1}{3}$ | 直系尊属 |

第３順位

| 配偶者 | 相続分 $\frac{3}{4}$ | 相続分 $\frac{1}{4}$ | 兄弟姉妹 |

※兄弟姉妹の子が代襲相続する場合あり

遺留分のルールをおさえておこう

遺留分とは何か

　遺留分とは、兄弟姉妹以外の相続人（遺留分権利者）に保障された、遺言によっても影響を受けない、法律上決められている最低限の相続できる割合です。遺言による相続分の指定や遺贈、さらに生前贈与（87ページ）は、被相続人（遺言者）の自由ですが、すべての財産を被相続人が他人に譲渡するようなことがあれば、残された相続人の生活や相続への期待が守られません。そこで遺留分として、相続分の一定の割合が保障されています。

　遺留分権利者全体に保障された遺留分（総体的遺留分）は、直系尊属だけが相続人の場合は相続財産の3分の1、それ以外の場合は相続財産の2分の1です。遺留分権利者が複数いる場合は、法定相続分に基づいて各人の遺留分（具体的遺留分）を決めます。なお、相続人が遺留分を放棄することも可能ですが、相続人が相続開始より前に遺留分を放棄するためには、家庭裁判所の許可が必要です。

遺留分算定方法について

　遺留分算定の基礎となる財産は、相続開始時点の被相続人の積極財産（20ページ）に、相続開始前の1年間にした贈与および相続開始前の10年間にした特別受益となる贈与（24ページ）を加えて、相続開始時点の被相続人の消極財産（20ページ）を差し引いたものになります。ただし、贈与者・受贈者の双方が遺留分権利者に損害を与えることを知ってなされた贈与については、相続開始前の1年間や10年間よりも前の時期の贈与であったとしても、遺留分算定の基礎となる財産に含

まれます。たとえば、15年前の特別受益にあたる贈与は、贈与者・受贈者の双方が遺留分権利者に損害を与えることを知ってなされた場合のみ、遺留分算定の基礎となる財産に含まれます。

▌遺留分侵害額請求とは

　遺留分が侵害されたとわかったときは、遺贈や贈与を受けた相手方に遺留分侵害額に相当する金銭の支払いを請求できます。

　この請求のことを**遺留分侵害額請求**といいます。ただし、遺留分権利者が遺言どおりでよいと考えるのであれば、請求しなくてもかまいません。

　なお、この遺留分侵害額を計算するとき、遺留分から遺留分権利者が受けた遺贈や特別受益（24ページ）に該当する生前贈与の額を引く必要があります。つまり、19ページの図の妻Bが100万円の遺贈や特別受益に該当する生前贈与を受けていた場合、支払いを請求できる額は400万円になるということです。この場合の贈与には、遺留分算定の基礎となる財産を計算する場合と異なり、10年等の期限はないとい

■ ケース別で見る遺留分 ………………………………………

	配偶者	子	直系尊属	兄弟姉妹
①配偶者と子がいる場合	👤$\left(\frac{1}{4}\right)$	👤$\left(\frac{1}{4}\right)$		
②子だけがいる場合		👤$\left(\frac{1}{2}\right)$		
③配偶者と父母がいる場合	👤$\left(\frac{1}{3}\right)$[※1]		👤$\left(\frac{1}{6}\right)$[※2]	
④父母だけがいる場合			👤$\left(\frac{1}{3}\right)$	
⑤配偶者だけがいる場合	👤$\left(\frac{1}{2}\right)$			
⑥配偶者と兄弟姉妹がいる場合	👤$\left(\frac{1}{2}\right)$			👤(0)
⑦兄弟姉妹だけがいる場合				👤(0)

※1　1/2（総体的遺留分）×2/3（配偶者の法定相続分）＝1/3
※2　1/2（総体的遺留分）×1/3（直系尊属の法定相続分）＝1/6

うことにも注意が必要です。

遺留分侵害額請求権の消滅

　遺留分侵害額請求は、受遺者や受贈者に対して意思表示をすれば権利を行使したことになります。遺留分侵害額請求権の行使の期限は1年以内です。この1年の計算については、相続開始および遺留分を侵害する贈与または遺贈があったことを知った日から数え始めます。相続の開始は知っていたものの贈与や遺贈があったことを知らずにいた場合でも、相続開始から10年を経過したときは、権利が消滅します。

どのように請求するのか

　請求したい権利者は、各自で意思表示をしなければなりませんが、時効による権利の消滅を防ぐため、通常は、配達証明付内容証明郵便で請求します。そして、交渉が困難な場合は、家庭裁判所の調停や訴訟を通じて請求することになります。なお、遺留分侵害額請求を受けた者がすぐに金銭を支払えないなどの場合、裁判所は受遺者等に請求されれば支払いについて相当の期限を許与（許可を与える）することが可能です。

　遺留分侵害額請求がされた場合、負担する者の順序は決まっています。まず、受遺者が負担します。それでも不足しているときは次に受贈者が負担します。また、生前贈与が複数行われていた場合は、一番新しく行われた贈与の受贈者が負担します。

　遺贈が複数ある場合（受贈者が複数おり、その贈与が同時にされた場合も同じ）は、目的物の価格の割合に応じて負担します。

遺留分の放棄とは

　相続人は、被相続人の生前に遺留分を放棄することもできます。その場合、家庭裁判所の許可が必要になります。

どのような場面で生前に遺留分の放棄を行うのかというと、ある人が生前に、配偶者に主な財産を残したいと思った場合です。相続人になる見込みの人たちと話し合って遺留分を放棄してもらうと遺留分侵害額請求をされる心配はなくなるからです。遺留分を放棄したい場合には、家庭裁判所に「遺留分放棄許可審判申立書」を提出して、許可を得なければなりません。家庭裁判所は審問期日に放棄者本人の出頭を求め、審判官（裁判官）が真意を審問します。具体的には、遺留分とその放棄についての質問があります。そして、放棄が遺留分権利者の自由意思によるものなのかどうかや放棄する理由などについての質問があります。その理由が妥当と判断されれば、遺留分放棄の審判があり、審判書が交付されます。

相続開始後の遺留分の放棄

　相続開始後には、遺留分を自由に放棄することができます。この放棄の方法については、とくに規定はありません。遺留分を放棄することを遺産分割協議の場で意思表示しても有効です。

　ただ、遺産の存在など事実関係についての誤った認識や他の相続人の作為的な偽りなどがあれば、遺留分の放棄も含めて、遺産分割協議の合意の無効や取消が問題になる場合があります。

■ **遺留分侵害額請求** ･･･

✖被相続人A ････ | 財　産 | 2000万円

【遺言書】「建物は すべて Cに相続させる」
→ Bの遺留分を侵害

妻B ── 子C → Bは Cに対して侵害された
遺留分侵害額請求　　　　　　遺留分相当額（1／4＝500万円）の
金銭の支払いを請求できる

5 相続放棄ができる場合とは

相続人は相続を承認することも放棄することもできる

相続する財産にはプラスもマイナスもある

相続財産には積極財産（プラスの財産）と消極財産（マイナスの財産）があります。つまり、土地、預貯金、宝石などのプラスの財産と、借金などのマイナスの財産によって、相続財産が構成されています。たとえば、ローンで高級な車を買った場合、車とともにローン返済分も相続します。「車は相続するが、ローンはいやだ」というわがままは許されません。「相続する」「相続しない」の選択は自由ですが、相続する以上はプラスの財産もマイナスの財産も相続しなければなりません。

相続するかどうかは選択できる

借金も相続財産ですから、被相続人の死亡によって、相続人は借金も承継します。しかし、数千万円の借金があるような場合であっても、それを背負って、遺族は一生借金地獄の苦しみに耐えなければならないというのは、酷な話です。

そこで、民法は相続財産を受け入れるか否かを、相続人の自由な選択にまかせることにしています。借金も含めた相続財産を受け入れることを**相続の承認**、借金はもちろん相続財産の受け入れを一切拒否することを**相続の放棄**といいます。

誰かが相続の放棄をすると他の相続分が増える

相続の放棄には、手続上の期限があります。原則として、自己のために相続の開始を知った時から3か月以内に、相続放棄をするか否かを決めなければなりません。相続人が未成年者や成年被後見人の場合

は、その法定代理人が相続人のために相続の開始があったことを知った時から3か月以内に、相続放棄をするか否かを決めなければなりません。

　相続放棄をする場合は、被相続人のすべての財産（プラス分とマイナス分の両方）を放棄します。ただ、相続の放棄をする前後に相続財産を管理する義務が民法で規定されているので、相続を放棄した人は、相続放棄後も新たに相続人となった人が管理を始めるまでは、相続財産を管理する必要があります。

　また、相続放棄をすると初めから相続人とならなかったものとみなされるので、相続の放棄によって、相続人の順位に変更が生ずることもあります。たとえば、子の全員が相続の放棄をすると、被相続人に子がなかったとみなされるので、直系尊属が相続人になります。直系尊属の全員がすでに死亡していたり、生きていても相続の放棄をすると、今度は兄弟姉妹に相続権が移ります。

　初めから相続人とならなかったものとみなされるということは、相続欠格や相続廃除と異なり代襲相続は発生しないということでもあります。つまり、被相続人の子が相続の放棄をすると、孫も相続人になれません。

■ 相続人である子が相続放棄した場合の相続分の例 ‥‥‥‥‥

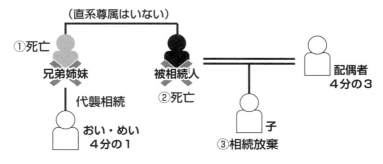

6 相続の承認について知っておこう

財産が多いか債務が上回るかで選択肢が変わることもある

相続承認には単純承認と限定承認がある

　相続の承認には単純承認と限定承認という 2 つの方法があります。被相続人の財産（プラスの財産）と債務（マイナスの財産）の両方を無条件、無制限に承認する場合を**単純承認**といいます。一般に「相続する」というのは単純承認を指します。単純承認した場合は被相続人の権利義務をすべて引き継ぎます。たとえマイナスの財産であっても、相続分の割合に応じて責任を負うので、相続人には借金などの返済義務が生じます。

　なお、以下の 3 つのどれかにあてはまる場合には、単純承認をしたものとみなされます。

① 　相続人が自己のために相続の開始があったことを知った時から 3 か月以内に、限定承認か相続の放棄をしなかった場合

② 　短期賃貸借（3 年以内の建物賃貸借など）や保存行為（未登記建物の登記などといった相続財産の価値を現状維持する行為）を除いて、相続人が相続財産の全部または一部を処分した場合

③ 　相続人がマイナスの財産を相続しないため、相続の放棄や限定承認をした後に、財産の全部あるいは一部を隠匿する、ひそかに消費する、事実を把握しておきながら財産目録中に記載しないといった不正行為を行った場合

条件つきで相続するのが限定承認

　相続によって得た財産（積極財産）の範囲内で被相続人の債務（消極財産）を負担する、という条件つきの相続を**限定承認**といいます。

債務が財産を上回るか、債務が財産を上回るかよくわからないときは、限定承認をするほうが安全です。

　しかし、限定承認は簡単にはできません。なぜなら相続人の全員がそろって行わなければならないからです。つまり1人でも「単純承認だ」という相続人があれば、他の相続人は限定承認できないのです。ただ、相続人の中に相続の放棄をした人がいる場合は、その人を除く全員が合意すれば限定承認をすることができます。

　限定承認においては、相続人が自分の財産から借金返済額の不足分を支払う義務はありませんし、包括遺贈を受けた者も遺産の範囲内でしか責任を負いません。つまり、限定承認は予想以上の借金などの債務を返済するリスクを回避できるというメリットがあるのです。しかし、限定承認をしても債務はいったんは全部引き継ぎます。債務を引き継がない相続放棄とは違い、返済義務や強制執行が認められてしまうのです。ただ、その範囲は相続財産に限定されることになります。

■ 限定承認の手続き ···

限定承認		
	申述書	家庭裁判所に備え付けの「相続限定承認申述書」の用紙に必要事項を記入して作成する（用紙は「家事審判申立書」でも可能）
	申述先	相続開始地（被相続人の最後の住所地）を管轄する家庭裁判所
	申述する人	相続人全員。相続放棄をした人がいる場合はその人を除く全員
	期　限	自己のために相続の開始があったことを知った時から3か月以内。 ただし、相続財産の調査に時間がかかるような場合は、家庭裁判所に期限の伸長を請求することも可能
	添付書類	被相続人の出生から死亡までの戸籍（除籍、改製原戸籍）謄本、被相続人の住民票除票または戸籍附票、相続人全員の戸籍謄本、財産目録　など

特別受益について知っておこう

特別受益と扱われる贈与は婚姻・養子縁組・生計資本に限る

特別受益とは

　相続人が被相続人から特別に財産をもらうなどした利益のことを**特別受益**といい、特別に財産をもらい利益を得た相続人を**特別受益者**といいます。特別受益者がいるにもかかわらず法定相続分のまま遺産を分割すると不公平な結果となる可能性があるので、**特別受益の持戻し**という処理を行います。特別受益の持戻しとは相続開始時の財産（遺贈を含む）に特別受益にあたる贈与（生前贈与）を加えることです。この加えたものをみなし相続財産とし、その上でみなし相続財産を基準として具体的相続分を計算するのです。特別受益を受けた相続人の具体的相続分を計算する際には、特別受益を前渡し分として差し引きます（次ページ図）。ただし、被相続人が遺言で特別受益の持戻しをしないなどと決めていた場合は、その遺言に従うことになります。このとき、特別受益が遺留分を侵害していれば、遺留分を有する相続人は、特別受益者に対して遺留分侵害額請求を行うことが可能です。特別受益として扱われるのは以下の贈与や遺贈です。

① 婚姻または養子縁組のために相続人が受けた贈与
② 生計資金として相続人が受けた贈与
③ 特定の相続人が受けた遺贈（目的は問わない）

「持戻し免除の意思表示」の推定

　被相続人が、自分の死後、残された配偶者が安心して暮らしていけるように、居住用不動産を贈与・遺贈するケースがあります。被相続人から相続人である配偶者が居住用不動産の贈与・遺贈を受けること

は「特別受益」に該当します（前ページの②・③に該当します）。そのため、特別受益の基本的な考え方に従えば、配偶者が贈与・遺贈を受けた居住用不動産の価額分を相続開始時点で被相続人が実際に持っていた相続財産に加えるという処理（持戻し）を行い、各相続人の具体的相続分を算出します。これは本来相続人間の公平を図る趣旨なのですが、これで計算すると不動産だけで配偶者は相続分すべてを得たとされることが多くなります。その結果、生活資金となる現金や預貯金を相続できなくなり今後の生活が苦しくなる可能性があります。

　そこで、民法では、婚姻期間が20年以上の夫婦の間でなされた遺贈・贈与のうち居住不動産（居住建物とその敷地）については「持戻し免除の意思表示」があったと推定するという規定を置き、居住用不動産を相続財産の対象から外すこと（持戻しが行われないということ）を認めました。これにより、生存配偶者は、居住用不動産に関係なく、その他の相続財産を相続することが可能になります。

■ 特別受益者の具体的相続分の算定方法 ……………………………

$$\left(\boxed{\begin{array}{c}\text{特別受益に}\\\text{あたる贈与}\end{array}} + \boxed{\begin{array}{c}\text{相続開始時の財産}\\\text{（遺贈を含む）}\end{array}} \right) \times \boxed{\text{相続分（民法900条～902条）}}$$

　　　┈┈ みなし相続財産 ┈┈┊
　　　　（＝全相続財産）　　− 　 特別受益 　 ＝ 　具体的相続分

（設　例）

> 被相続人Ａの子ＢＣＤの３人が相続人として存在し、相続財産が1000万円ある場合で、ＢがＡから200万円の特別受益に当たる生前贈与を受けていた場合、ＢＣＤ各自の具体的相続分はいくらとなるか。

相続開始時の財産 1000万円	Ｂの受けた贈与 （特別受益）200万円

┊┄┄┄┄┄┄┄┄┄┄┄ みなし相続財産 ┄┄┄┄┄┄┄┄┄┄┄┊

Ｂの具体的相続分：$(200\text{万円}+1000\text{万円}) \times \dfrac{1}{3} - 200\text{万円} = 200\text{万}$

Ｃ・Ｄの具体的相続分：$(200\text{万円}+1000\text{万円}) \times \dfrac{1}{3} = 400\text{万}$

8 寄与分について知っておこう

寄与分は相続分にプラスされる

財産形成に対する特別な貢献を評価する

　相続人には相続分の他に寄与分という制度があり、相続分に加えられることがあります。**寄与分**とは、被相続人の財産の維持または増加に「特別の寄与」（財産形成に対する特別な貢献）をした相続人（貢献者）に対して、本来の相続分とは別に、寄与分を相続財産の中から取得できるようにする制度です。

　寄与分制度は、特別受益者の相続分と同様に、相続分の計算方法を修正して、相続人同士の実質的な公平を図ることを目的としています。

　たとえば、配偶者としての貢献や子による親孝行などは、特別の寄与とは認められず、寄与分制度の対象になりません。しかし、被相続人に事業資金を提供したことで被相続人が倒産を免れた場合や、長期療養中の被相続人の看護に努めたことで被相続人が看護費用の支出を免れた場合などは、特別の寄与と認められ、寄与分制度の対象となります。

　また、寄与分は相続人だけに認められる制度ですから、相続人でない人には寄与分が認められません。ただし、寄与分とは異なりますが、相続人がいない場合に、貢献者が「特別縁故者」（内縁関係の夫や妻、療養看護に努めた者など、被相続人との間に一定の特別の縁故があった者）に該当するとして、貢献者の申立てを受けた家庭裁判所の審判により、相続財産の一部または全部の取得が認められることはあります。

寄与分の具体的な計算方法

　寄与分の算出方法は、まず、相続財産の総額から寄与分を差し引いた「みなし相続財産」を決定します。次に、みなし相続財産を相続分

に応じて分けて、寄与分は貢献者に与えます（上図参照）。

　たとえば、妻と長男、二男、長女の４人が相続人で、相続財産が2000万円、長男の寄与分が200万円である場合は、下記のように、貢献者である長男の相続分は500万円となります。

・みなし相続財産…2000万円－200万円＝1800万円
・妻の相続分………1800万円×２分の１＝900万円
・長女の相続分…（1800万円－900万円）×３分の１＝300万円
・二男の相続分…（1800万円－900万円）×３分の１＝300万円
・長男の相続分…（1800万円－900万円）×３分の１＝300万円
　　　　　　　　300万円＋200万円（寄与分）＝500万円

　なお、寄与分の金額をいくらにすべきかについて特段の定めはありませんが、相続財産の総額から遺贈の価額を控除した残額を超えることはできないとされています。

相続人以外の親族の特別の寄与

　寄与分は相続人のみに認められるため、たとえば、相続人の妻が、被相続人である夫の父親の療養看護に努めた場合であっても、寄与分として考慮されません。とくに、被相続人の死亡時点で相続人がすで

■ 寄与分のしくみ

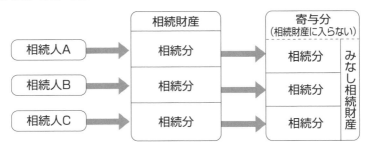

※寄与が認められた相続人Aは寄与分＋相続分を受け取ることができる

に亡くなっている場合、その配偶者は、被相続人死亡によって、相続人を介して財産を相続することもできませんので、被相続人の療養看護に努めていたときは、ますます不公平感は大きくなります。

こうした不公平な取扱いを解消するため、民法では相続人以外の親族が、相続人に対し特別寄与料を請求することができると定めています。

この規定により、相続人でない親族が、無償で被相続人の療養看護等を行って、被相続人の財産の維持・増加に特別の寄与（貢献）をしたと認められる場合、相続人に対して金銭（**特別寄与料**）の支払いを請求することが可能になります。

特別寄与料の請求ができるのは「被相続人の親族」です。具体的には、①6親等内の血族、②3親等内の姻族（妻の兄弟などの配偶者の血族や姉の夫などの血族の配偶者のこと）を指しますが、相続人、相続放棄をした者、相続欠格事由に該当する者、相続廃除された者は除外されます。また、当事者間で特別寄与料についての協議が調わない場合は、家庭裁判所に処分の請求（特別寄与料を定める請求）をすることができます。

■ 相続人以外の親族（特別寄与者）の貢献を考慮する方策 ……

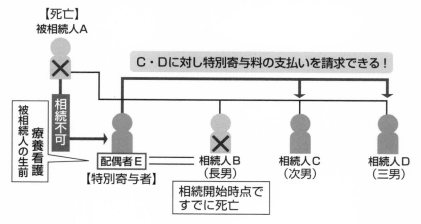

【死亡】
被相続人A

C・Dに対し特別寄与料の支払いを請求できる！

被相続人の生前　療養看護

相続不可

配偶者E
【特別寄与者】

相続人B
（長男）

相続開始時点ですでに死亡

相続人C
（次男）

相続人D
（三男）

9 相続人の確定作業をする

被相続人の出生から死亡までの戸籍を集めて相続人を確定する

戸籍を元に相続人を確定する

　相続人が誰かを調査するには、被相続人の出生から死亡までの連続した**戸籍**（戸籍謄本、除籍謄本、改製原戸籍）の取得が必要になります。戸籍には、本籍（戸籍の所在場所）の他、その戸籍に記載されている各人について、氏名、出生年月日、戸籍に入った原因および年月日、実父母の氏名および実父母との続柄などの情報が記載されています。

　戸籍を取得するには被相続人の本籍地を把握する必要があります。本籍地がわからない場合には、まず、被相続人が亡くなった当時の住所地にある市区町役場で住民票の除票を請求して、本籍地を調べます。このとき、窓口で本籍地の記載のある住民票（除票）が必要であることを伝えます。住民票が取得できれば、次に住民票に記載されている本籍地にある市区町村役場に保管されている戸籍のすべてを請求し、現在から過去へ戸籍をたどっていくことになります。本籍地を移転している場合は、転籍後の戸籍に転籍前の本籍が記載されていますので、転籍前の本籍地にある市区町村役場に戸籍（除籍・改製原戸籍）を請求し、出生から死亡までつながるように、戸籍を集めていきます。戸籍を請求する市区町村役場が遠方にある場合は、郵送による請求もできます。

　こうして収集した戸籍から、相続人は誰かを割り出していくことになります。もっとも、戸籍から相続人を確定することができても、相続人の中に未成年者や認知症の人、行方不明者などがいる場合は、そのままでは遺産分割協議をすることができません。

戸籍を取得するには

　本人以外が戸籍謄本の交付を請求する場合、原則として、戸籍に記載されている人の配偶者、直系尊属（父母や祖父母など）、直系卑属（子や孫など）が請求を行わなければなりません。これら以外の人が戸籍謄本の交付を請求する場合には、「自己の権利を守るため」など、交付を受けるに値する正当な理由を示さなければなりません。なお、弁護士、司法書士、税理士、社会保険労務士、行政書士などの専門職は、業務を遂行する上で必要な場合に限り、戸籍謄本の交付を請求することができます。

　また、郵送での戸籍の取得には、一般的に、手数料分の定額小為替証書、返送用切手、宛名を書いた返送用封筒、本人確認書類のコピーなどが必要になります。戸籍に関する書類は、戸籍謄本（戸籍全部事項証明書）と戸籍抄本（個人事項証明書）が1通450円、除籍謄本（除籍全部事項証明書）と除籍抄本（除籍個人事項証明書）が1通750円です。一方、戸籍の附票などは、各市区町村によって手数料が異なります。

■ 戸籍の請求手続き ･･････････････････････････････････････

被相続人の本籍地がわからない場合

1 被相続人が亡くなった当時の住所地にある市区町村役場で住民票の除票を請求して、本籍地を調べる

2 住民票に記載されている本籍地にある市区町村役場に保管されている戸籍のすべてを請求し、現在から過去へ戸籍をたどっていく

※本籍地を移転している場合

転籍後の戸籍に転籍前の本籍が記載されているため、転籍前の本籍地にある市区町村役場に戸籍（除籍・改製原戸籍）を請求し、出生から死亡までつながるように戸籍を集める

10 遺産の調査方法について知っておこう

相続財産の探し方をつかもう

遺産の調査方法

　遺産分割協議後に、新たに遺産が発見されると、見つかった遺産について再度、遺産分割協議が必要となり、手続きが煩雑化してしまう恐れがあります。また、3か月の熟慮期間経過後に、借金などの負債が発覚した場合には、相続放棄が認められない可能性があるため、遺産の調査は、慎重に行う必要があります。では、遺産はどうやって探せばよいのでしょうか。

① 不動産

　不動産の調査は、名寄帳を手がかりに行うのが有効です。名寄帳とは所有者ごとの不動産を一覧表にまとめたもので、固定資産課税台帳とも呼ばれます。名寄帳は、不動産の所在地にある市区町村役場の固定資産税課に対し請求をすることで交付してもらうことができます。取得先の役所がわからないときは、固定資産税の納税通知書を見れば、請求先の役所がわかります。この納税通知書でも、被相続人が所有する不動産を調査することはできますが、非課税の不動産は記載されないため、念のため、名寄帳も取得しておくことをお勧めします。

② 預貯金

　預貯金の調査は、まず、被相続人名義の預金通帳で確認をとります。金額が確定できない場合は、金融機関から被相続人の死亡日の残高証明書を取り寄せて調査します。

　通帳を紛失していたり、保管場所がわからない場合は、被相続人が生前取引していたと思われる金融機関に口座の有無の照会を行うこともできます（支店ごとだけでなく、全支店に照会をかけてもらうこと

も可能です)。

なお、未支給の年金がある場合などでは、相続人であることを証明して年金事務所に問い合わせをすれば、年金の振込口座を教えてもらえます。

③　**株式・有価証券**

証券会社からの通知を手がかりに口座照会を行います。

④　**借金**

銀行や消費者金融、クレジット会社からの借入については信用情報機関に問い合わせをすることで借金の有無や額を調査することができます。信用情報機関には、JICC(日本信用情報機構)、CIC(割賦販売法・貸金業法指定信用情報機関)、JBAないしはKSC(全国銀行個人信用情報センター)の3つがあります。

JICCは主に消費者金融・信販会社の信用情報を、CICはクレジット会社・信販会社の信用情報を、JBAは銀行と銀行系カードの信用情報を取り扱っており、必ず3社の信用情報を取り寄せるようにしましょう。

親族や知人など個人からの借入については信用情報を調べてもわかりませんので、借用書が残されていないか、書類や手紙を入念に調べる必要があります。

■ **遺産の中身** ……………………………………………………………………

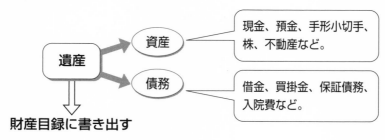

11 遺産の範囲に争いがある場合はどうしたらよいのか

遺産の範囲に争いがある場合は訴訟になることもある

特定の相続人しか遺産を把握していない場合

　相続が発生しても、特定の相続人だけが遺産を把握しており、他の相続人が遺産内容を把握できない場合があります。相続税の共同申告を行えば、遺産内容を把握できますが、相続税は各自で申告もできます。この場合は、特定の相続人から遺産内容を教えてもらい、相続税申告書があればそれを開示してもらうようにします。しかし、相続税申告書や遺産の開示を拒否された場合は、自分で調べる他ありません。不動産については、名寄帳（固定資産課税台帳）を取得し、預貯金や証券については、相続人として思い当たる銀行・証券会社に行って、相続人として開示請求をすることになります。

　また、家庭裁判所の遺産分割調停の手続きでは、調停委員会を通じて粘り強く相続財産の開示を求めることもあります。しかし、家庭裁判所を通じて税務署に相続税申告書の開示を求めても、税務署は守秘義務を理由に開示を拒否します。相続税申告書の開示は、相手の協力がない限り不可能です。

遺産の範囲を確定するには

　遺産分割をするには、まず被相続人の遺産は何か、つまり遺産の範囲を確定し、次に遺産の評価額を確定します。その上で、各相続人の具体的相続分を確定し、最後に誰がどの遺産を取得するかを決めます。

　遺産分割の協議や調停においても、分割対象となる遺産の範囲を確定する必要があります。しかし、しばしば遺産の範囲について争うことがあります。とくに動産や無記名の証券など名義がはっきりしない

ものは争いが起こりがちです。不動産の所有権についても、登記をしていないケースなどでは、争いが生じることがあります。

　たとえば、第三者との間で証券や土地所有権の帰属について争いが生じた場合、調停や訴訟などによって証券や土地所有権が被相続人に帰属することが確定して、初めて遺産として分割対象となります。このような争いは、第三者との間に限らず、相続人同士でも生じる場合があります。税金対策で名義変更をしていた場合は、その土地が遺産か特定の相続人の所有物かをめぐって争いになることもあります。

　この場合、遺産分割の調停で遺産の範囲が合意できなければ、遺産分割の審判を待たずに調停を取り下げるなどして、地方裁判所に遺産確認の訴訟を提起し、判決により遺産の範囲が確定した後に、再度、遺産分割調停を申し立てます。

　確かに遺産分割の審判をする前提問題として、遺産の範囲を判断することは可能とされています。しかし、この判断には既判力（一度裁判が確定したらその件に関しては争うことができなくなるという拘束力）が生じないとされています。そのため、後から裁判によって遺産に含まれないと判断されると、遺産分割審判が無効となってしまいます。それを避けるため、先に遺産確認の訴訟を提起するのです。

■ **遺産分割の流れ** ……………………………………………………

遺産の範囲の確定 → 遺産の評価額の確定 → 具体的相続分の確定 → 各遺産の取得先決定

12 遺産分割前に処分された財産の取扱い

遺産分割前に処分された遺産も遺産分割の対象となる場合がある

どんな場合に問題になるのか

　相続人が複数いる場合、遺産分割によって各相続人が相続する具体的な財産が確定するまで、遺産（相続財産）は相続人全員の共有になります。しかし、一部の相続人が、遺産分割前に、共有状態にある相続財産の一部または全部を売却するなど処分してしまうこともあります。その場合、ある問題が起こる可能性があります。具体例で見ていきましょう。

　相続人が子A、B、Cの3人のみで、遺産総額が3000万円であった場合、通常であれば、A、B、Cはそれぞれ1000万円の遺産を相続することができます。ところが、Aが遺産分割前に勝手に900万円相当の遺産を売却したとします。

　遺産分割の対象となる財産を、相続開始時に被相続人が所有していた財産で、かつ、遺産分割時に実際に存在する財産と考えると、処分された財産は遺産分割の対象から除外され、Aが遺産900万円を処分すると、遺産分割の対象となる財産は2100万円となります。そのため、B、Cは各700万円の遺産しか相続できないのに対し、Aは700万円に加えて、先に処分した900万円もあわせて相続することになり、不公平な結果となります。

　BやCがAに対して勝手に売却して得た代金900万円の支払いを請求する民事訴訟を起こすことも確かに可能ですが、それでは必ず勝訴するとは限らない上、勝訴しても勝訴した相続人自身の相続分について支払いを請求できるだけで、処分された財産すべてを遺産に戻すことはできません。

　このような相続人間の不公平を解消するため、遺産分割前に処分さ

れた財産の処理について民法には次の2つの規定があります。

財産の処理について

　では、遺産分割前に処分された財産の処理についての規定2つを具体的に見ていきましょう。

①　遺産分割前に遺産に属する財産が処分された場合であっても、相続人全員の同意により、当該処分された財産が遺産分割時に遺産として存在するものとみなすことができる。

②　相続人の1人または数人によって、遺産分割前に遺産に属する財産が処分されたときは、①の「相続人全員の同意」について、当該処分をした相続人の同意は要しない。

　前述した事例では、遺産分割前に財産を処分したAの同意は不要であるため（②）、BとCが同意すれば、Aが勝手に処分した900万円を遺産分割の対象となる財産に含めることができます。その結果、遺産分割の対象となる遺産の総額は3000万円となり、これを法定相続分に応じて3等分すると、各1000万円を相続することになります。Aはすでに900万円を遺産の売却によって取得しているため、遺産分割においてAが実際に相続できる遺産は100万円にとどまります。これに対し、BとCは各自1000万円ずつを相続できます。

■ 遺産分割前の財産の処分 ……………………………………………

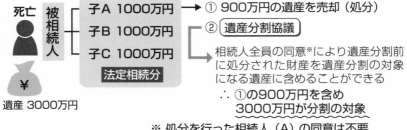

13 遺産分割の方法について 知っておこう

個々の相続人の事情を考慮して分割を決める

遺産分割は全部でも一部でもできる

　遺産全部を一度に分割することを**全部分割**といいます。これに対して、遺産の一部を分割するのが**一部分割**です。たとえば、特定の遺産だけを売却して支払期限が迫った債務の支払いにあて、残りの遺産については後で時間をかけて解決するといったケースが考えられます。

　相続人全員の協議によって、いつでも遺産の一部分割をすることができます。また、一部分割をした後の残りの遺産についても、さらに一部分割することも可能です。

　ただし、被相続人の意思を無視することはできませんから、被相続人が一部分割を遺言で禁じていた場合は、例外的に一部分割をすることが認められません。

分割の方法には４つある

　遺産を分割する方法には、いくつかありますが、代表的なのは、現物分割、代償分割、換価分割、共有分割です。

① 現物分割

　現物分割とは、各相続人が個別に取得する財産を決める方法です。相続人それぞれの受け取りたい財産が決まっている場合や、財産の形を変えたくない場合、また分割する財産の価値がほぼ同じである場合には、有効な方法です。具体的には、配偶者が不動産Ａを、次女が不動産Ｂを受け取るといった具合に分割します。価格が一致しないときは、現物分割では相続分に応じて分割するのは難しくなります。しかし、その場合も当人たちの合意があれば問題ありません。

②　代償分割

　代償分割とは、１人（または数人）が価値の高い遺産の現物を相続し、残りの相続人に対して、各々の相続分に相当する超過分を現金で支払う方法です。

　この場合は、現物を相続する人に相当の資産（支払能力）がないと実行できませんので、代償分を支払うだけの資産がない場合には向いていません。なぜなら、ほとんどの遺産を現物で相続した相続人は、相続分よりも多く受け取った分を自分の資産で支払わなければならないからです。

　代償分の支払いは一括払いが基本ですが、分割払いとする方法もあります。分割払いとする場合は、あらかじめ現物を相続する相続人に支払能力が備わっていることを確認しておかなければなりません。

　実際には、相続人が住んでいる居住用家屋、農地、商店など細分化が適当でないものについて、代償分割による遺産分割が行われることはよくあります。

③　換価分割

　換価（価額）分割とは、相続財産の一部、あるいは全部を売却して現金に換え、各相続人の相続分に応じて分割する方法です。耕作中の畑など現物分割が適当でない場合や、現物を分割すると価値が下がる場合などはこの方法によります。お金であれば１円単位まで細分化できますから、換価分割をすれば、相続人同士の公平を図りやすくなるという利点があり、現物分割をすることが難しい場合などに有効な方法です。

④　共有分割

　共有分割は、遺産の一部または全部を相続人全員が共同で所有する方法です。たとえば、不動産の共有分割をしたいという場合には現物を分割する必要がなく、手続だけですむ利点があります。しかし、たとえば、共有名義の不動産を売却する際に、共有者全員の同意を必要

とするなど、共有分割後はさまざまな制約を受けるという難点があります。また、共有者の1人が共有物分割請求（民法256条）をした場合には、再び分割を協議して、協議がつかなければ裁判（訴訟）になってしまうという難点もあります。

遺産分割が禁止される場合もある

相続人は、相続開始後に、原則としていつでも遺産を分割することができます。ただし、次のような場合には、遺産の分割が禁止されることがあります。

① **遺言による遺産分割の禁止**

被相続人が、遺言によって、遺産の一部、あるいは全部の分割を禁止している場合には、遺産分割が禁止されます。ただし、遺言による分割の禁止期間は5年が限度とされています。

② **協議による遺産分割の禁止**

相続人全員が合意した場合にも分割が禁止されます。

③ **審判による遺産分割の禁止**

相続人の資格や遺産の範囲などをめぐり係争中だというような場合には、家庭裁判所が定める一定の期間は、遺産の一部または全部の分割が禁止されます。

■ **分割の方法** ···

現物分割	各相続人が個別に取得する財産を決める方法
代償分割	1人が遺産の現物を相続し、残りの相続人に相続分に相当する現金を支払う方法
換価分割	遺産の一部または全部を売却して現金に換え、各相続分に応じて配分する方法
共有分割	遺産の一部または全部を相続人全員で共有する方法

14 遺産分割協議について知っておこう

遺産分割協議は相続人全員参加でしなければならない

遺産分割協議の仕方

　ここでは実際の遺産分割協議を見ていきましょう。遺産分割協議をどのように行うのかについて、法律上の決まりはとくにありません。全員が集まって協議をしてもよいですし、電話や電子メールなどで連絡を取り合って協議しても問題ありません。ただし、遺産分割協議は相続人全員が参加することが必要で、1人でも遺産分割協議に参加していなければ無効になります。

　遺産分割協議は多数決でなく、参加者全員の合意により成立します。遺産分割協議の結果は、参加者全員がわかるようにすればよいのですが、通常は遺産分割協議書という書面を作成します。

相続辞退の方法もさまざま

　法定相続分や指定相続分と違う割合による遺産分割をしても、参加者全員が協議して納得した分割であれば問題ありません。また、遺産分割協議はいったん成立すると原則やり直しはできませんので注意しましょう。ただし、すべての参加者全員の合意があれば、いったん成立した遺産分割協議を解除する（合意解除する）ことができるとするのが最高裁の立場です。

　相続人が相続を辞退したい場合は、相続開始を知った時から3か月以内に相続の放棄をしますが、この期間を過ぎても相続分の放棄はできます。相続分の放棄をする場合は、遺産分割協議書に「相続分なし」と記載することもありますし、自ら「相続分がないことの証明書」（相続分皆無証明書）を作成し、法務局（不動産の登記手続きの

場合）や金融機関に提出することもあります。その他、特定の相続人に相続分を譲渡することで、遺産分割の手続きから脱退できます。

遺産分割協議の成立により遺産の分割は確定する

遺産分割協議が成立した時に遺産の分割が確定し、相続の時点に遡って遺産の分割が有効になります。つまり、被相続人が死亡した時点から相続が開始され、遺産全体について相続人の共有状態が生じますが、遺産分割協議が成立し、各相続人に分割されれば、共有の時期はなかったことになるのです。

また、遺産分割協議の際に強迫や錯誤があった場合を除き、特別受益や寄与分について後から申し出ることができない点にも注意が必要です。

協議が成立しなければ家庭裁判所に判断してもらう

遺産分割について協議が成立しなければ、家庭裁判所の調停または審判によることになります。協議や調停では相続人の意向が反映されますが、審判の場合は家庭裁判所が強制的に遺産配分を決めることになります。

■ **遺産分割協議の流れ** ……………………………………………

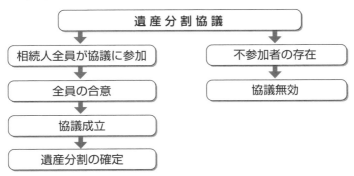

遺 産 分 割 協 議

相続人全員が協議に参加 → 全員の合意 → 協議成立 → 遺産分割の確定

不参加者の存在 → 協議無効

15 遺産分割協議書と遺産の目録の作成について知っておこう

「遺産分割協議書」を作成する

遺産分割協議書は登記手続などで必要となる

　法律上、遺産分割協議書の作成義務はありませんが、後日の争いを避けるための証拠として作成しておくべきです。相続による不動産の登記手続や相続税の申告の際などに、遺産分割協議書を添付して手続きをすることにもなるからです。相続人同士が遠隔地に住んでいる場合は、協議案を転送し合い、同意後に署名押印することも可能です（押印は実印で行います）。

遺産分割協議書の作成手順

　最初に遺産の内容を明確にするための遺産目録を作成し、この遺産目録を参照して、遺産分割協議書に各相続人への分割の内容を記入していきます。合意による一部分割は有効ですが、その場合は一部分割であることを明示します。後日、遺産が発見されたときは別途協議する、という合意もしておいたほうがよいでしょう。一部分割であるのを明示しないと、全部の遺産を対象にしていない遺産分割協議であるとして、その協議が無効になる可能性もあるので気を付けましょう。

　遺産分割協議書は、相続人全員の署名と実印の押印が必要です。相続人の人数分だけ作成し、それぞれが自分の印鑑証明書といっしょに保管するのがよいでしょう。作成のポイントは以下のとおりです。

① 　誰が何をどれだけ相続するのかを明確に記します。不動産の場合は、登記事項証明書の記載をそのまま転記します。

② 　代償分割の場合（38ページ）、代償としていくらを誰にいつまでに支払うのかを記します。代償分割であることも明記しましょう。

③　書式は自由です。署名以外はワープロで作成した文書でもかまいません。訂正がある場合は、訂正箇所の欄外に全員が訂正印を押します。複数ページの書面になれば契印が必要です。

④　現住所と住民票上・印鑑証明書上の住所が異なるときは、現住所と住民票上の住所を分けて記載します。

⑤　預金、預り金、株券などは、事前に金額、株数を確認します。場合によっては、遺産分割協議書に押印すると同時に、金融機関の請求書など専用書類へも押印し受領者を確定させます。

⑥　遺産分割協議書には、①〜⑤の事項以外にも特記事項を記入してかまいませんが、問題にならないように、それが法的にどんな意味をもつのか明確にしておきましょう。

⑦　参加者全員が署名し、印鑑証明書を添付します。押印は印鑑証明を受けた実印で行います。署名はサインでも記名でも有効ですが、押印は実印でする必要があります。作成後は各自で保管します。

⑧　相続登記手続の際には、法務局に提出する申請書に、遺産分割協議書と印鑑証明書の添付が必要です。

■ 遺産目録の記載事項・形式・添付書類 ……………………………

①	相続する財産 （相続の内容を明記）	⑤	有価証券など （金額・枚数）
②	代償の支払 （目的物及び支払の内容）	⑥	特記事項 （法的意味を明確にして）
③	書式 （署名以外はワープロで作成可）	⑦	署名、押印（実印で）、 印鑑証明書
④	住所 （住民票や印鑑証明書の通りに）	⑧	登記 （印鑑証明書と共に添付が必要）

遺産分割後にしなければならない手続きの流れをおさえておこう

預金、株式については名義変更が必要

相続したものを自分のものにする

　遺産分割協議がまとまり、各相続人の相続分が確定したとしても、その後の手続きが必要です。たとえば、家や土地の不動産は所有権の移転登記が必要になりますし、動産は他人がもっていれば、引き渡してもらわなければなりません。

　銀行預金、株式などについては、新しい所有者への名義変更や口座振替が必要です。これらは義務ではありませんが、名義変更や口座振替をしなければ、その財産の新しい所有者になったことを客観的に証明できなくなります。

共同相続人が不動産の名義変更に応じないとき

　遺産分割協議がすでに終わっているのに、不動産の所有権移転登記（名義変更）に必要な書類の交付や申請書への押印を拒む相続人もいます。この場合は、それらの書類に不備があれば、訴訟などで名義変更手続きを求めることになります。とくに書類に不備がなければ、実印が押された遺産分割協議書に印鑑証明書を添付して登記申請手続きを行うことができます。

遺産分割協議はやり直すことができるか

　相続人全員の合意に基づく遺産分割協議は、いったん成立すれば全員を拘束する効力が生じ、やり直しを主張することはできません。たとえ協議成立後に相続人の債務不履行があっても、協議の解除は認められないというのが最高裁の立場です。義務を履行しない相続人に対

しては、協議で決定したことを要求していく他はないのです。相続人全員の合意があれば遺産分割協議をやり直すことは可能ですが、税務署は遺産の再分割を認めていないので、再分割をすると新たに譲渡所得税や贈与税の負担が発生することに注意を要します。

　また、相続人の一部を参加させない協議、包括受遺者がいる場合にその人を参加させない協議は無効ですから、再び協議を行うことになります。

　さらに、遺言書の発見により新たに相続人の認知が生じた時は、各人の相続分が変更されます。ただし、他の相続人によって遺産分割が成立した後に認知された子による遺産分割の請求は、相続分に相当する価額の支払いを請求できるだけです。しかし、本来相続人になりえなかった人（親や兄弟姉妹）が遺産を取得していた場合には、認知された子から請求があれば、遺産を相続人に返還しなければなりません。

■ 相続開始から遺産分割までの流れ ……………………………

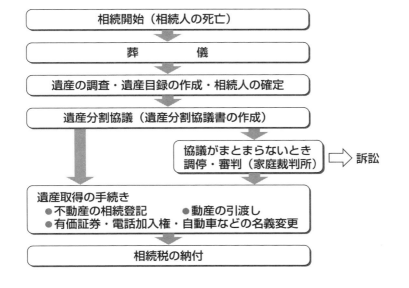

被相続人の配偶者を保護する規定

　平成30年の相続法改正では、配偶者を保護する目的から、以下のような規定を設けています。

・配偶者短期居住権（令和２年４月１日施行）

　相続開始時に、被相続人所有の居住建物に無償で居住していた生存配偶者が、一定期間に限りその建物に無償で住み続けることができる権利です。遺言や死因贈与がない場合は、遺産分割により誰が居住建物を取得するかが確定した日、あるいは相続開始時から６か月が経過する日のうちどちらか遅い日までの期間、引き続き生存配偶者が居住建物を無償で居住することができます。遺言や死因贈与で生存配偶者以外の者が居住建物を取得した場合は、その建物取得者が配偶者短期居住権の消滅を申し入れた日から６か月が経過する日までの期間、配偶者短期居住権が保障されます。

・配偶者居住権（令和２年４月１日施行）

　相続開始時に被相続人の所有する建物に居住していた生存配偶者が、原則として自らが死亡するまでの間、その居住建物に無償で住み続けることができる権利です。ただし、配偶者居住権を取得するのは、ⓐ遺産分割で配偶者居住権を取得したとき、ⓑ配偶者居住権が遺贈の目的とされたとき、ⓒ被相続人と生存配偶者との間に配偶者居住権を取得させる内容の死因贈与契約があるときに限られます。また、配偶者居住権は長期にわたることが多く、その間不動産の譲渡は難しくなることもあるため、遺産分割で決める場合は相続人間で検討しましょう。

・遺産分割における配偶者の保護（令和元年７月１日施行）

　婚姻期間が20年以上の夫婦の間でなされた遺贈あるいは贈与のうち居住不動産（居住建物と敷地）については「持戻し免除の意思表示」があったものと推定して、生存配偶者の居住を保障しています。

　居住用不動産が相続財産の対象から外されることで、生存配偶者は、その他の相続財産を相続することが可能になります。

第2章

相続の登記手続き

相続登記の義務化など不動産登記法改正について知っておこう

相続登記と住所氏名変更登記が義務化された

相続登記はなされないことが多い

　不動産の所有者が亡くなった場合、相続が発生して相続人へと不動産の所有権が承継されます。しかし、**相続登記**（相続人への不動産の名義変更）の申請は義務ではなく、これを行うには申請書や戸籍謄本などのさまざまな書類を提出する必要があります。提出書類を調べて集めていくことは時間や手間がかかりますし、登録免許税の負担や、司法書士などの専門家に依頼した場合には費用もかかることから、預金や保険金などの手続きだけ済ませて相続登記の申請が行われないケースも多くあります。

　こうして相続登記が行われないまま何年も経過して、当初相続人だった人が亡くなって相続が繰り返されると、相続人の地位にある人が数十人に膨れあがります。そうなると、相続登記の手続きを進めようとしても、協力してもらえない人や所在がわからない人などが出てしまい、遺産分割協議をまとめることが困難となり、さらに相続登記は放置されてしまいます。放置された不動産は所有者がわからないため、売買などができずに凍結状態となり、公共事業や復旧・復興事業、民間取引などに支障をきたします。

相続登記の義務化

　所有者が不明となってしまう問題の解決策を長年検討されてきましたが、「民法等の一部を改正する法律」及び「相続等により取得した土地所有権の国庫への帰属に関する法律」が令和3年4月21日に成立しました（公布は令和3年4月28日）。不動産登記法の改正もこの改

正法に含まれています。

　これらの法律は、主として所有者不明土地の発生を予防する方策と、すでに発生している所有者不明土地の利用の円滑化の方策から構成され、所有者不明土地の発生予防の方策として、これまでは申請の義務がなかった相続登記が義務化されました。

・相続登記の義務化の具体的な内容

　不動産の所有者に相続の開始があったときは、相続人は、相続の開始と所有権の取得を知った日から３年以内に所有権の移転登記を申請しなければなりません。これは、遺言や遺産分割で決められた相続人への相続登記または遺産分割前の法定相続分での相続登記をすることで義務を履行したことになります。

　さらに、法定相続分による相続登記をした後に遺産分割で法定相続分を超える所有権を取得することになった相続人は、遺産分割の日から３年以内に所有権の移転登記を申請しなければなりません。この登記申請を正当な理由がなく怠った場合は10万円以下の過料の罰則があります。

　しかし、いったん法定相続分で登記申請する場合（前述したように２段階での申請が必要）は別として、遺産分割をする予定が容易に協議がまとまらないなどが理由で、期限内に申請義務を履行するのが難しい場合があります。

　そのような場合には、新たに創設される「相続人申告登記（仮称）」を利用できるようになります。これは、相続人が単独で登記簿上の所有者に相続が発生したこと、自身が相続人であることを申し出た相続人は、申請義務の履行を行ったとみなされる制度です。この申出を受けた法務局は職権でその旨（報告的な内容）を登記します。申出は登記申請よりも簡易な手続きとなりますが、申告した人がその後の遺産分割により所有権を取得した場合は、遺産分割の日から３年以内に所有権の移転登記を申請しなければなりません。

この他、新たな方策として相続人に対する遺贈による所有権の移転登記などは、単独で申請することができるようになります。また、相続登記を義務化する際に、相続人の負担を考慮して申請時に必要となる登録免許税の負担を軽減することが予定されています。

住所氏名変更登記の義務化

　相続登記の未了に次いで所有者が不明となる要因として、所有者の住所や氏名（法人の場合は名称）に変更があった場合に、その変更登記がされていないため、登記された後の転居先などがわからず、所有者の所在が不明となることが挙げられます。

　今回の改正により、住所や氏名などの変更登記も義務化されることになりました。

・変更登記の義務化の具体的な内容

　不動産の所有者の住所や氏名（法人の場合は名称）に変更があったときは、2年以内にその変更登記を申請しなければなりません。また、登記申請の際に、登記名義人が個人（自然人）の場合は生年月日等の検索用情報の申出を行い（検索用情報は登記されません）、法人の場合は会社法人等番号が登記事項となります。相続登記の義務化と同様に罰則があり、正当な理由がなく申請を怠った場合は5万円以下の過料となります。そして、新たな方策として登記名義人の住所や氏名（法人の場合は名称）の変更情報を不動産登記に反映させるしくみが創設される予定です。その具体的な内容は次のとおりです。

　個人（自然人）の場合は、登記官が提供された検索用情報に基づいて住民基本台帳ネットワークシステムへ定期的に照会を行い、登記名義人の住所や氏名の変更情報を取得し、登記名義人に変更登記について確認をとって登記をします。法人の場合は、会社法人等番号を登記事項に追加し、法人・商業登記システムから不動産登記システムに対して本店（住所）や名称が変更された情報を通知し、通知された情報

に基づいて登記官が職権で変更登記をします。

その他（所有不動産記録証明制度の創設など）

　相続登記や住所氏名変更登記の義務化以外にも、さまざまなしくみの創設や見直しが行われる予定です。

・所有不動産記録証明制度

　特定の人や会社が所有者として登記名義人となっている不動産の一覧を証明書として発行してもらえます。これにより相続登記をしなければならない不動産を把握することが可能となり、登記漏れを防止することができます。ただし、請求された登記名義人の氏名または名称及び住所等の情報に基づき検索するので、過去に登記をし、その後登記上の情報を更新していなければ（住所や氏名の変更の登記をしていなければ）すべての所有不動産の証明書が発行されるとは限らないので注意が必要です。

■ 相続登記・住所氏名変更登記の義務化 ·······························

	相続登記	住所氏名変更登記
期　限	相続があったこと・所有権の取得を知った日から３年以内	住所・氏名（名称）の変更の日から２年以内
罰　則	正当な理由なく申請しない場合は10万円以下の過料	正当な理由なく申請しない場合は５万円以下の過料
関連する制度	・相続人申告登記（仮称）制度 ・所有不動産記録証明制度 ・遺贈や法定相続分での相続登記がされた場合の登記手続の簡略化 ・登録免許税の軽減（予定）	登記官による登記名義人の住所・氏名（名称）の変更情報を不動産登記に反映させる制度
施行日	令和６年頃	令和８年頃

※施行日については、相続登記義務化関係の改正については公布後３年以内の政令で定める日、住所変更登記義務化関係の改正については公布後５年以内の政令で定める日とされています（公布日は令和３年４月28日）。

・登記名義人の死亡等の事実の公示

　登記官が住基ネットなどの公的な機関から死亡等の情報を取得し、職権で死亡等した旨を登記に符号で表示します。これにより登記事項証明書などで死亡したかどうかを確認することができます。

・相続等により取得した土地所有権を国庫に帰属させる制度

　相続等により望まず取得した土地を、利用する予定もなく手放したいと考える相続人のため、そのような土地を国庫に帰属させる制度です。帰属させるためには承認を受ける必要があり、どのような不動産でもよいわけではなく、通常の管理または処分をする際に必要以上に費用や労力を要する以下のような場合には認められません。

① 　建物等が建っている土地
② 　土壌汚染や埋没物がある土地
③ 　崖がある土地
④ 　権利関係に争いがある土地
⑤ 　担保権等（抵当権など）が設定されている土地
⑥ 　通路など他の人に利用される土地

　また、国へ帰属させるためには審査手数料以外にも、各土地の性質などを考慮して定められた10年分の土地管理費用相当額が徴収されます。これにより、管理されず放置される土地や将来的な所有者不明土地の発生を防止することができます。

　この他、所有者不明土地の利用の円滑化を図る方策として、相続開始から10年を経過した場合に画一的な遺産分割を行うしくみが創設される予定です。また、共有不動産について所在不明の共有者がいる場合、裁判所の関与により共有不動産の変更・管理、処分が可能となる制度が創設されるなど、所有者不明土地に関するさまざまな新たな制度が創設される予定です。

2 相続登記について知っておこう

不動産を相続した場合に登記申請を行う

■ どんな場合に必要になるのか

　不動産の所有者が死亡した場合、その不動産の持ち主が不在となるため、相続登記という相続人に対する名義変更の手続きが必要です。具体的には、死亡者（被相続人）から不動産の相続人へ、相続を原因とする所有権移転登記を行います。

　登記申請書には、相続人の住所・氏名（共有の場合は各人の持分）と相続の年月日を記載します。

　不動産の相続については、まず法定相続分で登記するケースが考えられます。この場合、たとえば相続する不動産が１つで相続人の人数が複数だとすると、法定相続分に従いその不動産を共有することになります。また、遺産分割協議や遺言書に従って、特定の相続人が特定の不動産を相続するという内容などで登記するケースもあります。

　相続人が１人しかいない場合は、遺産分割協議の問題はなく、その相続人名義に登記をすることになりますが、相続人が１人しかいないケースというのはまれで、相続人が複数いるのが普通です。そのような場合、一般的に、法定相続分で登記するケースよりも、特定の相続人が単独である不動産の所有権を取得する、あるいは法定相続分とは異なる割合で相続することのほうが多いといえるでしょう。

　遺産分割協議の成立後に相続登記を申請する場合、指定相続分または法定相続分に従って共同相続登記を行ってから、相続人間の遺産分割協議の結果に沿った登記をするというのが、時系列でみると本来の順序なのかもしれません。

　ただ、これでは二度手間ですから、通常は直接に遺産分割協議の結

果に沿った相続を原因による所有権移転登記申請を行います。

こんな紛争が起こる可能性がある

　遺産分割協議をしたものの相続登記をせずに放置した場合のトラブルの例を挙げておきましょう。

　たとえば、Aが死亡し、その相続人は２人の子どもBとCだけで、彼らがAの土地を相続したとします（法定相続分は２分の１ずつ）。BC間で遺産分割協議が成立し、土地をBが単独で相続することになりました。しかし、その登記がなされる前に、Cが相続登記をして、その自己の相続分を第三者Dに売却してしまいました。この場合、Cの相続分（法定相続分２分の１）についてBはDに対しDが背信的悪意者（登記のないことを主張することが信義則に反するような悪質な者のこと）でない限り所有権を主張できず、Dが取得することになります。つまり、Bは遺産分割協議で土地全部の所有権を取得したはずですが、もはや２分の１の所有権しか持つことができないのです。

■ 相続登記をめぐるトラブル ……………………………………

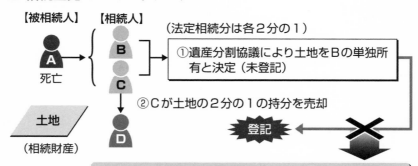

3 登記申請書の記載内容をおさえておこう

一般的な記載事項をおさえておく

記載事項

　法務局では受け付けた申請書の内容通りに登記記録への記録がなされます。したがって、申請書に記載する内容は、登記をするために必要な事項ということになります。

　登記にはさまざまな種類があるので、記載事項もその登記によって異なります。相続登記を含め一般的な記載事項としては次のようなものがあります。

① 登記の目的

　売買や相続で所有権を取得した場合の「所有権移転」や債務を弁済等したため抵当権を抹消した場合の「抵当権抹消」のように、登記をする目的を記載します。

② 登記の原因

　登記の目的として掲げた物権変動は、売買や贈与、抵当権設定などの法律行為、または相続、時効、弁済といった法律事実を原因として生じることになります。そこで、そのような登記をする原因となった法律行為または法律事実を記載します。

　「令和○年○月○日相続」というように、原因が生じた年月日も記載します。もっとも、登記によっては、所有権の更正登記のように原因日付のない場合もあります。

③ 申請人

　登記を申請する人の住所、氏名（法人の場合は本店所在地と商号、代表者の資格および氏名）を記載します。

　共同申請の場合は、登記権利者と登記義務者の区別をします。登記

権利者とは登記によって利益を受けることになる者のことであり、登記義務者とは登記によって不利益を受ける者のことです。

相続の場合は相続人単独で登記申請をすることができるので義務者や権利者という概念はありません。

申請人自身で申請するときは、氏名の横に押印することを忘れないようにしましょう。申請人の電話番号などの連絡先も記載します。

④ **添付書類**

登記識別情報、登記済証、登記原因証明情報、印鑑証明書など、申請書に添付する書類の名称を記載します。

相続登記の場合は一般的に相続関係説明図や住所証明書（住民票コードを申請書に記載した場合は、添付を省略することができます）などを添付します。

⑤ **申請日と法務局**

登記申請の年月日を記載します。また、申請書を提出する管轄法務局の名称を記載します。

⑥ **代理人**

本人ではなく司法書士などの代理人が登記申請を行うときは、その代理人の住所と氏名を記載し、氏名の横に代理人が押印します。この場合、申請人の押印は必要ありません。

⑦ **課税価格**

不動産の価格（固定資産税評価額）や抵当権の債権額などを基準として登録免許税を計算する場合に記載します。1000円未満は切り捨てます。

⑧ **登録免許税**

登録免許税は、登記の際に納付しなければならない税金です。課税価格を基準として登録免許税の額を計算し、金額を記載します。100円未満は切り捨てます。たとえば、不動産の相続において、その不動産の価格が、2000万円であった場合、登録免許税を算出する基準の課

税価格はそのまま2000万円になります。相続を原因として所有権移転登記をする場合の登録免許税は課税価格の1000分の4ですので、登録免許税は8万円になります。ただし、相続により土地の所有権を取得した個人が、その土地の相続登記前に死亡した場合、死亡した個人にその土地を移す相続登記については、登録免許税は課されないなど（令和4年3月31日までの間）の免税措置があります。

⑨ **不動産の表示**

登記の対象となる不動産を記載します。土地の場合は、所在、地番、地目、地積で特定します。建物の場合、一戸建ては、所在、家屋番号、種類、構造、床面積、マンションなどの区分所有建物は、一棟の建物の所在、構造、床面積（建物の名称を記載すれば、構造、床面積を省略することができます）、専有部分の建物の家屋番号、建物の名称、種類、構造、床面積、敷地権の所在および地番、地目、地積、敷地権の種類、割合によってそれぞれ特定します。

■ 相続による登記申請書に記載する一般的な事項 ⋯⋯⋯⋯⋯⋯

登記申請書

① ——	登記の目的	所有権移転
② ——	原因	令和○年○月○日相続
③ ——	相続人	（被相続人A）
		住所・氏名
④ ——	添付情報	登記原因証明情報・住所証明書など
⑤ ——		令和○年○月○日申請○○法務局○○支局（出張所）
⑥ ——	代理人	住所・氏名・電話番号
⑦ ——	課税価格	金○○○○円
⑧ ——	登録免許税	金○○○○円
⑨ ——	不動産の表示	

申請書と添付書類はどのように綴じるのか

　申請書や添付書類の大きさ、綴じ方は法律で決められているわけではありませんが、現在ではＡ４横書きで作成し、左側を綴じるのが一般的です。申請書を作成し、添付書類がそろったら、再度書き残しや間違いがないかを確認し、下図のような順序で綴じます。さらにグループ別に分けた書類を大型のクリップでとめて提出します。

①　Ａグループ（法務局へ提出用の書類）

　相続登記の場合、提出用に必要な書類は、登記申請書、登録免許税納付用台紙、相続関係説明図、原本還付を受ける書類のコピー、委任状などです。これらの書類を重ねて、左側をホチキスなどで綴じます。

②　Ｂグループ（申請人に返還されるもの）

　原本還付を受ける書類です。Ａグループで相続関係説明図を添付すれば、戸籍謄本などはコピーなしで原本還付されます（63ページ）。

■ 申請書の綴じ方の例（相続登記の場合）‥‥‥‥‥‥‥‥‥‥‥‥‥‥

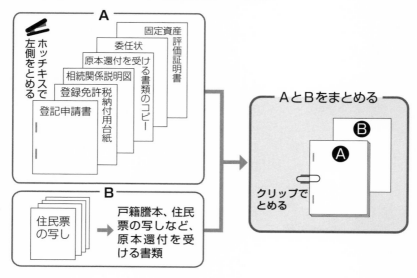

4 添付書類・添付情報について知っておこう

オンライン申請では電子化された情報を提供する

添付情報とは

　登記申請をする場合、申請書と共に**添付情報**を提供しなければなりません。オンライン申請の場合は、申請情報と共に電子的データとしての添付情報を送信します。書面申請の場合は、添付情報を記載した書面などを提供することになります。

　なお、オンライン申請でも、電子化されていない情報については、書面によって郵送または持参することにより、添付情報を提供することが認められています。

　登記の種類によっても異なりますが、以下で書面申請の場合の基本的な添付情報を見ていきましょう。

・登記原因証明情報

　権利の登記を申請する場合は、ごく一部の例外を除いて、すべての登記に登記原因証明情報の提供が必要です。

・登記識別情報または登記済証

　共同申請の場合における登記義務者は、登記識別情報を提供します。登記識別情報という重要な情報を提供させることによって、登記義務者に間違いなく登記を申請する意思があることを確認するためです。

　ただ、管轄法務局がオンライン申請ができる法務局になってから、はじめてその登記義務者がその不動産についての登記を申請する場合などには、従来通り登記済証を添付します。これらの場合、登記義務者はまだ登記識別情報の通知を受けておらず、登記済証がその登記義務者の権利や登記の申請意思を証明するものだからです。相続人の単独で申請のできる相続登記の場合は原則添付不要です。

登記識別情報や登記済証を紛失し、手元にない場合もありえます。その場合は、事前通知制度や資格者代理人などによる本人確認制度などを使います。**事前通知制度**とは、法務局から登記識別情報（登記済証）を提供すべき者の住所地に、申請があった旨などの通知を本人限定受取郵便で郵送し、その後2週間以内に間違いないとの申出をすれば本人からの申請であると確認してもらえる手続きです。一方、**本人確認制度**とは、司法書士などが代理申請する場合に、申請人が間違いなく本人であることを証する本人確認証明情報を提供し、事前通知制度を省略する制度です。

登記原因証明情報とは

登記原因証明情報は、登記の原因となる法律行為や事実が真に発生したことを証明する情報のことです。

オンライン申請または書面申請かを問わず、登記原因証明情報の提供は必須とされています。ただし、所有権保存の登記など、登記原因の存在しない一部の登記の申請では、登記原因証明情報を提供する必要はありません。

登記原因証明情報を必ず提供しなければならないとされている理由のひとつとして、登記の原因となる事実や法律行為について記載された書面を提出させることによって、登記官が、真に登記すべき原因が発生したか否かを審査する際の大きな資料とする、という点があります。

登記原因証明情報の具体例

では、どのようなものが登記原因証明情報となるのか、書面申請の場合の具体例を挙げてみましょう。

売買による所有権移転の場合の売買契約書、抵当権抹消登記の場合の解除証書など、登記原因、申請人、不動産の表示など必要事項が記載されていれば、登記原因証明情報として提供することができます。

売買契約書の場合、当事者の表示や不動産の表示が誤っていたり、記載事項が不十分だったりすると、登記原因証明情報としては使用できない場合があるので注意が必要です。

売買契約書などがない、あるいは売買契約書があっても登記原因証明情報としての要件を備えていない、というような場合は、その登記申請のために報告形式の登記原因証明情報を作成し、これを提供することができます。報告形式の登記原因証明情報とは、登記の原因となる事実や法律関係などを記載したものであり、売買の場合であれば、売買契約の事実、所有権移転時期の特約など必要事項を記載し、作成名義人である登記権利者および登記義務者が記名押印したものです。

相続による所有権移転登記の場合は、戸籍謄本や遺産分割協議書、遺言書などが登記原因証明情報となります。また、住所移転や氏名変更による登記名義人表示変更・更正の登記の場合は住民票などです。

登記済証から登記識別情報へ

登記識別情報とは、登記名義人が登記義務者として登記を申請する場合において、真に登記名義人がその登記を申請していることを確認

■ おもな書面申請の添付書類 ……………………………………………

書　類	備　考
登記原因証明情報	登記すべき原因となる法律関係や事実を証明する情報。売買契約書や遺産分割協議書など
登記識別情報	登記識別情報の代わりに、登記済証、資格者代理人による本人確認情報の添付、事前通知制度を利用することもある
印鑑証明書	売買による所有権移転、抵当権設定などの登記義務者の印鑑証明書を添付する
その他	会社法人等番号（資格証明書）、許可証、承諾書、住民票の写し

するために、登記申請時に提出することを求められる英数字12桁を組み合わせた、いわば暗証番号です。

なお、不動産登記法改正前に行われた登記や、オンライン庁に指定される前の不動産の登記については、添付されていた登記原因証書や申請書副本に登記済の印が押されて法務局から返されていました。これが**登記済証**です。

現在では、すべての法務局がオンライン申請できる法務局となったため、オンライン申請はもちろん、書類申請の場合でも登記申請後には登記済証ではなく、登記識別情報が通知されることになります。

登記義務者の意味とその者から登記識別情報を提供する意味

登記の申請は原則として登記権利者と登記義務者が共同して行います。登記権利者は登記をすることによって形式的に利益を受ける者、登記義務者は登記をすることによって形式的に不利益を受ける者です。たとえば売買による所有権移転登記の場合、現在の所有者が登記義務者となりますが、この登記義務者は代金を受け取るのであり、実質的には不利益を受けることはないかもしれません。

しかし、登記の面から考えれば、登記義務者は自己の登記を失うことで不利益を受けることになるのです。登記義務者が登記識別情報を添付していれば、その申請が登記義務者の真意に基づくものであるという可能性が非常に高いといえます。

■ 登記識別情報

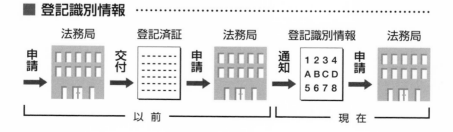

その他の添付情報と原本還付について知っておこう

住所証明書は省略できる場合がある

印鑑証明書

　所有権の登記名義人が登記義務者となって登記申請する場合、印鑑証明書を添付しなければなりません。登記義務者が個人である場合は、市区町村発行の印鑑証明書、登記義務者が会社など法人である場合は、管轄法務局発行の代表者の印鑑証明書を添付します。ただし、会社法人等番号を申請書に記載した場合は法人の印鑑証明書の添付は省略できます。

　相続登記の場合単独で申請できるのでこの意味での印鑑証明書の添付は不要ですが、遺産分割協議書に押印した印鑑が実印かどうか証明するために印鑑証明書は添付しなければなりません。

住所証明書

　実際には存在しない人物や法人の名義で登記申請がなされることを防止するため、登記権利者の住所証明書を添付します。

　個人の場合は、住所証明書は住民票の写しか戸籍の附票または印鑑証明書です。住民票の写しは住所地の市区町村役場、戸籍の附票は本籍地の市区町村役場で交付されます。

　法人の場合は、住所は本店（本社）などの主たる事務所の所在地であって、商業登記の登記事項証明書によって証明します。法人として登記されている法務局で交付を受けます。

原本還付とは

　添付書類の中には、別の登記申請をする際に必要になってくるもの

もあるため、**原本還付**という手続きが設けられています。

　原本還付を請求できるのは、登記原因証明情報、代理権限証書（一部例外あり）、住所証明書などの書類です。

　ただ、所有権の登記名義人が登記義務者となって申請する場合に添付する印鑑証明書（司法書士の職印証明書は除く）、その登記の申請のためだけに作成された委任状、報告形式の登記原因証明情報などの書面については原本還付請求ができません。原本還付の手続きは、まず、原本をコピーします。そのコピーに法務局の受付に置いてある「原本還付」の判を押すか、自分で赤い字で「原本還付」と書いた上で、「右は原本と相違ありません」と申請人が記入して、記名押印します。原本ではなく、コピーのほうを申請書に添付して法務局に提出することになります。

　なお、相続による所有権移転登記の申請の場合、戸籍謄本などを登記原因証明情報として提供することになりますが、わざわざこれらのものをコピーして申請書に添付しなくても、相続関係説明図（81ページ）を添付することで、戸籍謄本や除籍謄本の原本還付を受けることができます。

　一方、遺産分割協議書や特別受益証明書などに添付した印鑑証明書、住民票の写しについて原本還付を受けるためには、別途それらのコピーを添付することが求められています。

■ 原本還付のしくみ ....

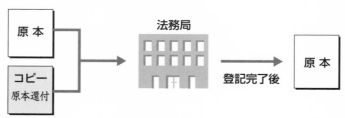

6 登記申請の方法について知っておこう

インターネットを利用して申請することもできる

2種類申請方法がある

登記の申請は自分が登記申請しようとしている不動産を管轄する法務局に申請しなければなりません。登記の申請方法には、オンライン申請と書面申請の2種類があります。

ただし、実際のところ、添付情報のすべてが電子情報になっているわけではないため特例方式という申請方法も認められています。一部の申請をオンラインにより行うことから、半ライン申請とも呼ばれています。

書面申請の流れ

書面申請による場合、まず申請書（申請情報を記載した書面）を作成しなければなりません。申請書には、記入もれのないように正確に記入するようにしましょう。申請書の他に、申請内容を確認するために必要な情報（添付情報）を提供しなければならない場合は、それを記載することも忘れないようにしましょう。添付書類は、印鑑証明書や住所証明書など、申請者が本人であるかどうかを確かめるために添付します。

書類の準備後に、管轄の法務局へ出向きます。登記の申請は、不動産の所在地を管轄する法務局で行います。登記申請の受付は、平日の午前8時30分から午後5時15分までとなっています。法務局へ行き、もう一度申請書の記載内容を確認し、通常は係員に手渡しで提出します。

登記内容に不備があった場合には補正が必要です。申請内容に問題がなければ、申請時にわかる補正日の経過により、登記が完了することになります。

登記の完了

登記が完了すると、登記が完了したことを知らせる登記完了証が法務局から申請人に交付されます。

オンライン申請の場合、登記完了後、登記完了証をインターネットでダウンロードすることで登記が完了したことを知ることができます。オンラインで申請した登記申請について、書面で登記完了証を受け取ることもできます。

一方、書面申請の場合、登記識別情報が通知される登記では、登記識別情報通知書を受け取ることにより登記が完了したことがわかるので、登記完了証の交付は実益があるとはいえないかもしれません。しかし、登記名義人氏名変更登記や抵当権抹消登記のような登記識別情報が通知されない登記では登記完了証の交付は実益があるといえるでしょう。

また、登記識別情報の不通知を選択することができますが、この場合も、登記完了証が交付されることによって、迅速に登記が完了したことを知ることができます。

なお、申請人が複数の場合でも登記権利者、登記義務者に各一通づつしか交付されません。

■ 登記手続きの流れ

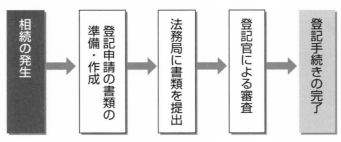

相続の発生 → 登記申請の書類の準備・作成 → 法務局に書類を提出 → 登記官による審査 → 登記手続きの完了

7 補正について知っておこう

申請書の不備を訂正するための手続き

■ 補正とは

　登記申請書に何の不備もなければ、記入係に回されて、登記簿に記載されます。もし、申請書に不備が見つかった場合でも、不備を**補正**できる場合には、登記官は申請を却下せずに、申請人に対して補正を指示します。

　なお、補正しない場合、申請は却下されることになりますが、実務では、不備を説明した上で、申請人に取下げを促している場合も多いようです。

　また、取り下げる際に、取下書と共に再使用申出書を提出すると、領収書または消印済の収入印紙に再使用ができるという判が押印されて返ってきます。再申請時には、それをそのまま使用することができます。一方、却下の場合、申請書などは返却されないため登録免許税は現金による還付のみです。

　補正は次のような方法・手順で行われます。

・書面申請の場合

　書面申請の場合、登記申請書に申請人の電話番号などの連絡先を記載することになっています。申請書、添付書類などに不備があり、そのままでは登記の実行ができない場合、いついつまでに補正を行うよう法務局から電話がかかってきます。そこで、補正の要請があった場合には、原則として補正期限内に法務局に行き、補正をすることになります。

　登記官には、補正の必要がある場合に必ず申請人に連絡をしなければならない義務があるわけではありませんが、通常、そのままでは登

記できない不備がある場合には、連絡があるといえるでしょう。

　郵送で書面申請を行った場合、郵送で補正をすることができます。郵送で補正をする場合は、訂正後の申請書または添付書類を郵送するか、正誤を明らかにした補正書を郵送します。なお、郵送で申請を行った場合であっても、直接法務局に行って補正してもかまいません。

・オンライン申請の場合

　オンライン申請の場合には、補正もオンラインで行わなければなりません。補正の必要がある場合、登記・供託オンライン申請システムに掲示する方法によって、補正を要する事項や管轄法務局の電話番号などが告知されますので、指示に従って補正をすることになります。

■ 補正が必要になった場合の手続きの流れ

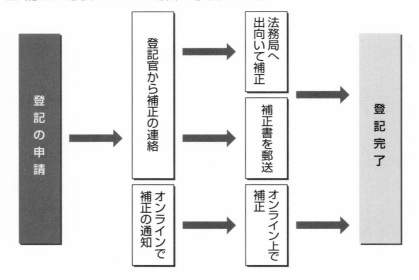

8 登記申請が却下される場合もある

却下事由は法律で定められている

登記申請の却下

申請した登記に以下の①～⑬のような不備があると申請が却下される可能性があります（不動産登記法25条）。

⑬の「登記すべきものでないときとして、政令で定めるとき」については、不動産以外のものを目的とする場合や、登記の目的である権利が同一の不動産についてすでにされた登記の目的である権利と矛盾するとき、といった事由が規定されています（不動産登記令20条）。

① 登記を申請した不動産の所在地がその法務局の管轄に属さないとき

② 申請が登記事項以外の事項の登記を目的とするとき

③ 申請した登記がすでに登記されているとき

④ 申請の権限のない者の申請

⑤ 申請情報またはその提供の方法が法令で定められた方式に適合しないとき

⑥ 申請情報の内容である不動産または登記の目的である権利が登記記録と合致しないとき

⑦ 申請情報の内容である登記義務者の氏名（名称）や住所が登記記録と一致しないとき

⑧ 申請情報の内容が登記原因を証する情報と一致しないとき

⑨ 申請情報とあわせて提供しなければならない情報が提供されないとき

⑩ 登記識別情報を提出できない場合の事前通知に対して、期間内に登記義務者からの申出がなかったとき

⑪ 表示登記の申請書に掲げた不動産の表示が、登記官の調査の結果

と一致しないとき

⑫　登録免許税を納付しないとき

⑬　登記すべきものでないときとして、政令で定めるとき

却下処分に対する救済手段

　登記申請を却下されたことについて納得がいかない場合は、監督法務局または地方法務局の長を相手どって審査請求を行ったり、裁判所に行政事件訴訟や国家賠償訴訟を提起することができます。

■ 登記申請後の流れ

■ 却下処分に対する救済手段

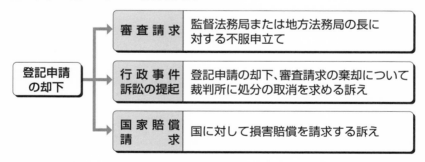

9

相続登記申請時の提出書類について知っておこう

登記申請時には登録免許税を納付する

申請にはどんな書類が必要か

相続登記を申請するには、以下の書類が必要になります。

① **登記申請書**

相続発生の年月日、「相続」という登記原因、相続人（申請人）の住所・氏名、不動産の表示といった登記事項などを記載します。

② **登記原因証明情報**

相続を登記原因とする所有権移転登記を申請するには、登記原因証明情報として、被相続人の出生から死亡までの連続した戸籍（除籍、改製原戸籍）謄本と、相続人の戸籍謄本の他、遺産分割協議書や遺言書などが必要です。遺産分割協議書には、原則として相続人全員の印鑑証明書を添付します。自筆証書遺言を添付する場合は、家庭裁判所が発行する検認済証明書も併せて提出することが必要です。

③ **住所証明書**

相続人の実在性を証明するために、登記する物件を得る相続人全員の住民票や印鑑証明書を、登記申請書に添付します。ただし、住民票コードを申請書に記載した場合は添付を省略することができます。

④ **代理権限証書**

相続人に代わり司法書士などの代理人が登記申請を行う場合は、代理権を証する書面として委任状を添付します。委任状には、代理人の住所・氏名を記入し、相続を登記原因とする所有権移転登記を委任することの他、不動産の表示などを記入します。作成年月日も必ず記入しましょう。最後に委任者の住所・氏名を記入し、押印します。

⑤ **固定資産評価証明書**

登記申請書には、登録免許税の額と、課税価格（登録免許税を算出する課税対象となる不動産の価額）を記載します。

　登記申請書に記載する課税価格は、地方税法による固定資産課税台帳に登録された不動産の価額をもとに計算しますので、市区町村の発行する申請年度分の固定資産評価証明書を登記申請書に添付します（添付不要の法務局もあります）。

登録免許税の納付

　登記申請時には登録免許税を納めます。登録免許税を納付しない登記の申請は却下される可能性があります。現金で納付し、領収証書を登記申請書に貼りつけて申請するのが原則ですが、印紙納付も認められており、一般的にはこちらの方法により納められています。

　現金納付の方法による場合には、郵便局など指定の納付場所で納付し、その領収証書を登記申請書に貼りつけて法務局に提出します。印紙納付の場合には、登録免許税に相当する金額の収入印紙を登記申請書に貼りつけて法務局に提出します。

■ 登録免許税の例

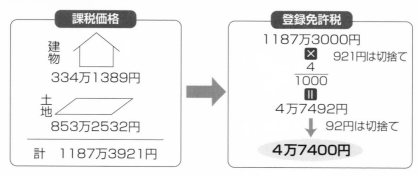

10

登記申請書の準備と登記原因を証明するための書類の書き方

戸籍謄本や除住民票などの必要書類を用意する

登記申請書を記載する際のチェックポイント

　登記申請書には以下の事項を記載し、相続人が署名（記名）押印します。司法書士などによる代理申請の場合は、代理人が署名（記名）押印します。この押印は認印でもかまいません。

① **登記の目的**

　どのような登記を求めるかを記載します。所有権の登記がしてある不動産を相続した場合には「所有権移転」となります。また、共有者の一人が亡くなり相続登記する場合は「○○○○（被相続人の名前）持分全部移転」となります。

② **相続人（申請人）の表示**

　相続登記の場合は、相続人による単独申請が認められています。相続人が複数いる場合は相続方法により申請人となる者が異なることから、以下具体的に説明します。

　たとえば被相続人がA、相続人が子B、Cの場合において、ⓐ法定相続分で登記をする場合、相続人のうち一人（ここではB）が単独で登記申請をすることができます。この場合の申請書の記載は下記のようになります。

相続人（被相続人A）
東京都目黒区××一丁目2番3号
（申請人）持分2分の1　B
東京都目黒区××二丁目1番2号
持分2分の1　C

なお、登記識別情報は申請人であるＢにしか通知されません。ⓑ遺産分割協議または遺言書によりＢが単独取得する場合は、Ｂが単独で申請し、申請書に次のように記載します。

```
相続人（被相続人Ａ）
東京都目黒区××一丁目２番３号
Ｂ
```

③　登記原因とその日付

　登記原因の日付は、登記をする原因となった事実が発生した日です。具体的には「○年○月○日相続」と表示します。この日付は被相続人の戸籍に書かれている死亡した日付です。

④　添付書類の表示

　「登記原因証明情報」「住所証明書」（住民票コードを申請書に記載した場合は、添付を省略することもできます）と記載します。代理申請の場合には、「代理権限証書」も記載します。

⑤　登記申請の年月日

　申請書を法務局に提出する日付を記載します。

■ 相続による所有権移転登記の登記原因証明情報 ⋯⋯⋯⋯⋯⋯⋯

```
・被相続人の出生から死亡までの連続した戸籍(除籍、改製原戸籍)謄本
・被相続人の住民票の除票や戸籍の附票
・相続人の戸籍謄本(現在戸籍)
```

上記に加えて、下記書類の添付が必要。

遺産分割協議による場合	遺産分割協議書 ＋ 相続人全員の印鑑証明書
遺言による場合	公正証書遺言 自筆証書遺言 ＋ 検認済証明書
相続人の中に相続放棄をした者がいる場合	相続放棄申述受理証明書

⑥　**法務局の表示**

　登記の申請書を提出する法務局か地方法務局（または支局か出張所）を記載します。申請書を提出するのは相続登記を申請する物件の所在地を管轄する法務局です。間違えると却下になる可能性もあるので注意しましょう。

⑦　**課税価格と登録免許税**

　課税価格には、不動産の価額の合算額から1000円未満を切り捨てた額を記載します。不動産の価額は、固定資産税課税台帳に登録された価格に基づきます。相続による登録免許税は、課税価格に1000分の4を乗じて計算した金額です。

⑧　**不動産の表示**

　登記簿上の土地や建物と一致するように記載してください。

⑨　**代理人の表示**

　司法書士など代理人が登記申請をする場合、代理権限証書（委任状）の記載通りに、代理人の住所・氏名などを記載します。

┃ 登記原因証明情報とは

　「相続」という登記原因が発生した事実を証明するためには、登記原因証明情報として、被相続人が死亡したことの記載のある戸籍謄本が必要です。その他にも、以下の書面が必要です。

■ 登記申請に必要なもの ･･････････････････････････････

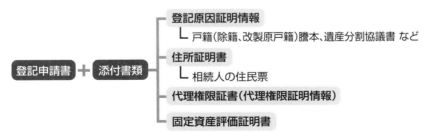

① 戸籍謄本や除籍謄本など

被相続人については、死亡した事実の記載のある戸籍謄本の他、死亡時から遡って出生時または12 〜 13歳頃までの記載がある戸籍謄本、除籍謄本、改製原戸籍謄本が必要です。これにより、被相続人の生涯にわたって、養子を含めた子がいるか、認知した子はいるか、などの情報を確認することができます。そして、最終的に相続人が誰になるのかを確定できます。

さらに、相続人全員が実在していることを証明するために、相続人全員の戸籍謄本を添付することも必要です。なぜなら、被相続人が死亡する前に、相続人になると思われていた者（推定相続人）が死亡していると、代襲相続が発生する場合や、相続順位の低い者が相続人となる場合があるからです。また、被相続人が死亡したあと遺産分割協議や相続登記をしないまま相続人が亡くなっている場合（数次相続）もあるからです。

② 被相続人の除住民票（または戸籍の附票）の写し

登記簿（登記記録）上の所有者と被相続人が同一人物であることを証明するために、被相続人の除住民票（住民票の除票）または戸籍の附票を提供しなければなりません。登記簿（登記記録）上の所有者の住所・氏名と被相続人の住所・氏名が同一であることをこれらの書類で証明します。

したがって、除住民票の写しや戸籍の附票の写しに記載された被相続人の最後の住所と登記簿上の住所が異なる場合は、登記簿上の住所から最後の住所までの連続性を証する書面の提供が必要になります。もし連続性を証明できない場合は、相続登記をしようとしている物件の権利証を添付します。権利証もない場合は納税通知書の原本や登記簿上の人物と被相続人は同一人物で間違いないという内容の上申書（相続人全員の実印の押印と印鑑証明書も必要）などを添付します。

③ 代襲相続が発生している場合

代襲相続が発生している場合には、被代襲者の出生から死亡までの戸籍（除籍、改製原戸籍）謄本と、代襲相続人全員の現在の戸籍謄本が登記原因証明情報のひとつとして必要になります。

④　**数次相続が発生している場合**

　数次相続が発生した場合は、相続発生後に死亡した相続人の出生から死亡までの戸籍（除籍、改製原戸籍）謄本が必要です。

　また、死亡した相続人の相続人全員の戸籍謄本も記原因証明情報のひとつとして添付する必要があります。そこでも代襲相続や数次相続が生じていないか調べる必要があるからです。

⑤　**遺産分割協議書**

　遺産分割協議の内容に従って相続登記をする場合、遺産分割協議書を登記原因証明情報の一部として提供しなければなりません。遺産分割協議書には原則として相続人全員の印鑑証明書を添付します。遺産分割が家庭裁判所の審判か調停によって行われたときは、その審判書か調停調書の正本を添付します。

　なお、たとえば相続人が離れて住んでいるなど、一枚の遺産分割協議書に全員の署名押印等をするのが難しい場合は、各相続人が別々に署名押印等をした同一内容の遺産分割協議書を全相続人分提供しても問題はありません。

■ 代襲相続と数次相続の違い ···

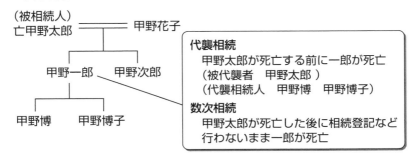

（被相続人）
亡甲野太郎 ──── 甲野花子

甲野一郎　甲野次郎

甲野博　甲野博子

代襲相続
　甲野太郎が死亡する前に一郎が死亡
　（被代襲者　甲野太郎　）
　（代襲相続人　甲野博　甲野博子）

数次相続
　甲野太郎が死亡した後に相続登記など
　行わないまま一郎が死亡

⑥　相続分皆無証明書（相続分のないことの証明書）

　被相続人から特別受益にあたる贈与や遺贈を受けた相続人（特別受益者）は、贈与や遺贈をされた財産の価値が本来の相続分の価値以上であれば、相続分がゼロとなります。この場合、特別受益者が相続分のないことの証明書（相続分皆無証明書）を登記原因証明情報の一部として提供します。相続分皆無証明書には、証明者が署名押印します。ただし、遺産分割協議の中で特別受益者が何も相続しないことを定めた場合は、遺産分割協議書によって特別受益者の相続分がないことを証明できますので、相続分皆無証明書の作成は不要です。

⑦　相続放棄申述受理証明書

　相続人の中に相続を放棄した者がいる場合、その者は最初から相続人ではなかったことになります。したがって、相続人の全員が誰であるかを証明する書類の一部として、家庭裁判所から交付された「相続放棄申述受理証明書」を提供します。

⑧　遺言書

　遺言書に基づいて相続を原因とする所有権移転登記を申請する場合は、遺言書も登記原因証明情報の一部となります。自筆で書かれた遺言書の場合（法務局での自筆証書遺言書保管制度を利用した場合は除く）は、家庭裁判所で検認を受ける必要があり、検認を経ていない遺言書を提出した場合には、申請が却下される可能性があります。

⑨　相続関係説明図

　戸籍謄本や除籍謄本などの原本還付を請求する場合、相続関係説明図を作成して、これを登記申請書に添付すれば、コピーを添付する必要はなく、登記完了後に原本が返却されます。

　相続関係説明図には、被相続人の最後の本籍、最後の住所、登記簿上の住所の他、被相続人と相続人の関係、被相続人の死亡年月日、相続人それぞれの関係性（妻、長男など）、相続の内容（法定相続か遺産分割かなど）などを盛り込みます。

登 記 申 請 書

登記の目的　　所有権移転
原　　　因　　令和3年4月1日相続
相　続　人　　（被相続人 鈴 木 隆 志）
　　　　　　　東京都○○区○○町○丁目○○番地
　　　　　　　　　　鈴 木 広 志 ㊞
　　　　　　　連絡先の電話番号　００−００００−００００
添付書類
　　登記原因証明情報　住所証明情報
□ 登記識別情報の通知を希望しません。

令和3年5月20日申請　○○法務局　○○支局
課税価格　金２０００万円
登録免許税　金8万円
不動産の表示
　所　　　在　　○○市○○町○丁目
　地　　　番　　○○番○
　地　　　目　　宅地
　地　　　積　　○○.○○㎡

　所　　　在　　○○市○○町○丁目○番地
　家 屋 番 号　　○○番○
　種　　　類　　居宅
　構　　　造　　木造瓦葺2階建
　床 面 積　　1階　○○.○○㎡
　　　　　　　　2階　○○.○○㎡

遺産分割協議書

本　　　　籍　東京都○○区○○町○丁目○○番地
最後の住所　東京都○○区○○町○丁目○○番○○号
被 相 続 人　鈴 木 隆 志（令和３年４月１日死亡）

　上記の者の相続人全員は、被相続人の遺産について協議を行った結果、次のとおり分割することに合意した。

１．相続人鈴木広志は次の財産を取得する。
　【土地】
　　　所　　　在　○○市○○町○丁目
　　　地　　　番　○○番○
　　　地　　　目　宅地
　　　地　　　積　○○○.○○㎡
　【建物】
　　　所　　　在　○○市○○町○丁目○番地
　　　家 屋 番 号　○○番○
　　　種　　　類　居宅
　　　構　　　造　木造瓦葺２階建
　　　床 面 積　　１階　○○.○○㎡
　　　　　　　　　２階　○○.○○㎡
　【預貯金】
　　　○○銀行○○支店　普通預金　口座番号○○○○

２．本協議書に記載のない遺産及び後日判明した遺産については、相続人鈴木広志が取得する。
　　以上のとおり、遺産分割協議が成立したので、本協議書を２通作成し、署名押印の上、各自１通ずつ所持する。

令和３年５月17日

住　　　所　　東京都○○区○○町○丁目○○番地
　　　　　　　相続人　鈴木広志
住　　　所　　東京都○○区○○町○丁目○○番○○号
　　　　　　　相続人　鈴木恭子

書式　相続関係説明図

被相続人　鈴木隆志　相続関係説明図

最後の本籍　　　　東京都○○区○○町○丁目○○番地
最後の住所　　　　東京都○○区○○町○丁目○○番○○号
登記簿上の住所　　東京都○○区○○町○丁目○○番○○号

昭和○○年○月○日生
令和３年４月１日死亡

（被相続）鈴木隆志

　　妻　鈴木順子
　　　昭和○○年○月○日生
　　　平成○○年○月○日死亡

（相続人）
長男　鈴木広志
　　昭和○○年○月○日生
　　住所　東京都○○区○○町
　　　　　○丁目○○番地

（分割）
長女　鈴木恭子
　　昭和○○年○月○日生
　　住所　東京都○○区○○町
　　　　　○丁目○○番○○号

相続を証する書面は還付した

法定相続情報証明制度について知っておこう

どんな制度なのか

　法定相続情報証明制度とは、相続人等が法務局に法定相続情報一覧図を提出することで、認証文が付けられた法定相続情報一覧図の写しの交付を受けることができる制度です。

　たとえば、不動産を所有していた被相続人が死亡した場合に、この不動産を相続する相続人は、相続を原因とする所有権移転登記の申請を行う必要があります。しかし、この申請を行うためには、戸籍関係の書類など、必要な書類は膨大にのぼります。しかも不動産の他に、遺産として預貯金や証券口座がある場合には、銀行・郵便局や証券会社にも、同様の戸籍関係書類などを提出する必要があります。このとき、相続人は先に所有権移転登記の申請手続きを行っていれば、法務局から必要な書類の原本を還付してもらい、改めて銀行などに提出しなければなりません。

　以上のように、膨大な書類の行き来が必要な従来の手続きでは、煩わしさが大きく、相続を原因とする所有権移転登記申請を避け、放置された不動産が増加していると指摘されていました。法定相続証明制度では、法定相続情報一覧図の認証を受けていれば、原則として法定相続情報一覧図の写し1枚を提出することで、各種手続きを行うことが可能となります。

どんな手続きをするのか

　法定相続情報証明制度の利用を希望する相続人（または一定の代理人）は、法務局に対して、相続人の出生時からの戸籍関係の書類と、

それに基づいて作成した**法定相続情報一覧図**を提出します。その後、登記官が確認の上、認証文付きの法定相続情報一覧図の写しの交付を受けることができます。法定相続情報一覧図には、被相続人の氏名・最後の住所・死亡年月日、相続人の氏名・住所・被相続人との関係などが記載されています。

　なお、戸籍謄本等の収集における手数料を除いて申請における手数料は無料です。

法定相続情報一覧図作成の仕方

　法定相続情報一覧図は、相続関係説明図と似ていますが、相続開始時の相続人を証明するためのものなので、相続関係説明図とは相違点もあります。たとえば、相続関係説明図では被代襲者も他の相続人と同様、氏名を記載しますが、法定相続情報一覧図では『被代襲者（令和〇年〇月〇日死亡）』と記載するだけで、氏名の記載は不要です。

　また、法定相続情報一覧図の作成を法務局へ申し出た相続人の氏名の横に『（申出人）』と記載します。なお、相続人の住所の記載は任意とされており、住所を記載する場合は住民票の写しの添付が必要です。

■ 法定相続証明制度を利用するために準備する必要がある書類 …

● 法務局に提出しなければならない書類

1 被相続人の戸籍・除籍謄本	⇒ 出生時から死亡時までの連続した戸籍（除籍、改製原戸籍）謄本
2 被相続人の住民票の除票の写し	
3 相続人全員の戸籍謄本（抄本）	
4 申出人の住所・氏名確認のための書類	⇒ 運転免許証のコピーなど

法定相続情報番号　〇〇〇〇-〇〇-〇〇〇〇〇

被相続人　鈴木隆志　法定相続情報

最後の住所
　　東京都〇〇区〇〇町〇丁目
　　〇〇番〇〇号
最後の本籍
　　東京都〇〇区〇〇町〇丁目
　　〇〇番地

出生　昭和〇〇年〇〇月〇〇日
死亡　令和３年４月１日
　（被相続人）鈴木隆志 ──────┐

　　　　　　　　　　　　　　　住所　東京都〇〇区〇〇町〇丁目
　　　　　　　　　　　　　　　　　　〇〇番地
　　　　　　　　　　　　　　　出生　昭和〇〇年〇〇月〇〇日
　　　　　　　　　　　　　　　（長男）
　　　　　　　　　　　　├──　鈴木広志　　　　　　　（申出人）

　　　　　　　　　　　　　　　住所　東京都〇〇区〇〇町〇丁目
　　　　　　　　　　　　　　　　　　〇〇番〇〇号
　　　　　　　　　　　　　　　出生　昭和〇〇年〇〇月〇〇日
　　　　　　　　　　　　　　　（長女）
　　　　　　　　　　　　└──　鈴木恭子

　　　　　　　以下余白

┌─────────────────────────────┐
│　　　作成日：令和３年５月１０日　　　　　　　　│
│　　　作成者：東京都〇〇区〇〇町〇丁目〇〇番地　│
│　　　　　　　鈴木　広志　　㊞　　　　　　　　　│
└─────────────────────────────┘

これは、令和３年５月１０日に申出のあった当局保管に係る法定相続情報
一覧図の写しである。

令和３年５月１３日
　東京法務局〇〇出張所

　　　　　　　　　　　　　　　　　　　　　登記官　　〇〇〇〇

注）本書面は、提出された戸除籍謄本等の記載に基づくものである。相続放棄に関しては、
　　本書面に記載されない。また、相続手続以外に利用することはできない。
　　　　　　　　　　　　　　　　　　　　　　　　　整理番号S〇〇〇〇〇

第 3 章

相続に関連する
その他の手続き

1 贈与契約について知っておこう

書面で行った贈与は取り消せない

贈与とはプレゼントのこと

贈与とは、簡単に言ってしまえばプレゼントの事です。贈与については、民法で「贈与は、当事者の一方が自己の財産を無償で相手方に与える意思を表示し、相手方が受諾をすることによって、その効力を生ずる」と規定されています。

ただし、民法では、口約束のような書面によらない贈与については、履行の終わっていない部分について、解除することができます。つまり、酒の席で成立した100万円の贈与契約も、酔いがさめてから「あれはなかったことにしてくれ」と言われれば、それで解消してしまうことになります。

一方、書面による贈与契約については、書面にした以上は贈与者の意思も明確なわけですから、一方的に解除を認めるのは、相手方の期待を裏切ることになるため、書面によらない贈与について規定されている解除は認められていません。

特殊な贈与の形態がある

民法は、特殊な形態の贈与についても規定しています。

大学卒業までの学費を毎月仕送りするというように、定期の給付を目的とする贈与のことを**定期贈与**（民法552条）といいます。定期贈与は、当事者のどちらかが死亡すると原則として効力を失います。

また、家を贈与する代わりに庭の手入れをしてもらうというように、受贈者（もらう側）に対価性のない一定の負担をさせる贈与のことを**負担付贈与**（民法553条）といいます。贈与契約は双務契約（契約の

当事者の双方が対価的な債務を負担する契約）ではありませんが、負担付贈与については、負担の限度においては実質的な対価関係に立つといえます。そのため、負担付贈与には、性質に反しない限り、双務契約の規定が準用されます（民法553条）。

生前贈与とは

　自分の生きているうち（生前）に、配偶者や子供などに財産を贈与することを**生前贈与**といいます。とくに、死因贈与と比較するときに使用される用語です。

　相続を考える場合に、生前贈与は、相続税対策として利用されることがあります。贈与税には、年間1人あたり110万円の基礎控除があり、年間1人あたり110万円までは贈与税がかかりません。そのため、たとえば110万円ずつ10年間にわたって贈与すれば、無税で1人あたり1100万円までの贈与が可能になります。ただし、毎年10年間にわたって贈与を受けることが、贈与者との間で契約（約束）されている場合には、10年間にわたり給付を受ける契約に関する権利の贈与を受けたものとして贈与税がかかる可能性もあるので注意しましょう。

■ **負担付贈与** ・・

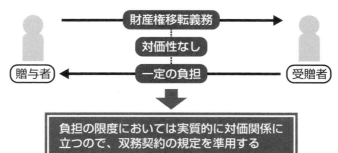

不動産を贈与する場合の登記について知っておこう

贈与は書面で行うこと

登記や引渡の後に撤回することはできない

贈与は「あげます」「もらいます」というお互いの合意の上に成立する契約です。

贈与と区別すべき用語として遺贈と死因贈与があります。遺贈とは、遺言による財産の贈与のことで、財産を与える相手方の同意を得ないで行うことができます。これに対して、「私が死んだら300万円を贈与する」というように、贈与する人の死亡という条件がついた贈与を**死因贈与**といいます。死因贈与も贈与者の死によって有効になる生前契約の贈与です。

不動産（土地・建物）を贈与によって取得した場合、受贈者（贈与を受けた者）は、その旨の登記をしなければ第三者に対して自分の権利を主張することができません。

登記申請前に登記記録を確認する

登記を申請する前に贈与される不動産について登記記録にどのように記録されているかを確認しておきましょう。

登記記録を調べる前提として、土地であれば所在と地番を、建物であれば所在と家屋番号を確認しましょう。地番や家屋番号については登記識別情報や登記済証、固定資産税評価証明書、固定資産税の納付書を参照すればわかります。

次に、法務局に行って登記事項証明書の交付申請をします。登記事項証明書を見て、土地であれば所在・地番・地目・地積（面積）が登記識別情報の内容と一致しているか、建物であれば所在・家屋番号・

種類・構造・床面積について確認してみてください。

　引越しなどによって所有権の登記名義人の住所や氏名が変わっているときは、登記名義人住所（氏名）変更登記を申請する必要があります。

▌添付書類をそろえる

　贈与による所有権移転登記の添付書類は次のとおりです。

・登記原因証明情報

　贈与契約書または報告形式の登記原因証明情報です。

・登記識別情報または登記済証・印鑑証明書

　贈与者の登記識別情報または登記済証と印鑑証明書を添付します。印鑑証明書は発行後3か月以内のものを使用してください。

・住所証明書

　受贈者の住民票の写しを添付（住民票コードを申請書に記載した場合は、添付を省略することが可能）します。戸籍の附票や印鑑証明書を住所証明書とすることもできます。

・固定資産税評価証明書

　課税価格の計算の基準を証明するために添付します。

■ 相続・遺言・死因贈与・生前贈与 ……………………………………

	内容	相続人・受遺者	課せられる税
相続	被相続人の死亡によって財産が移転	一定の身分関係の人が相続人になる	相続税
遺贈	遺言書による財産の贈与	遺言者が指定した受遺者	相続税
死因贈与	人の死亡を条件とする贈与	贈与者が指定した受贈者	相続税
生前贈与	生前に財産を無償で他人に譲渡	贈与者が指定した受贈者	贈与税

贈与契約書

　贈与者　松本茂（以下「甲」という）と、受贈者松本翔平（以下「乙」という）は、下記のとおり、贈与契約を締結した。

第1条　甲は、乙に対して、甲の所有する下記記載の不動産（以下「本件不動産」という）を贈与することを約し、乙はこれを承諾した。
土地
　　所在　東京都足立区××一丁目
　　地番　2番3
　　地目　宅地
　　地積　178.15㎡

第2条　甲は乙に対し、令和3年4月6日に限り、本件不動産を引渡し、所有権移転登記手続きを行うものとする。なお、所有権移転登記手続きに必要な一切の費用は乙の負担とする。

第3条　本件不動産の公租公課については、所有権移転登記の前日までは甲が負担し、所有権移転登記の当日以降は乙が負担する。

　以上のとおり、契約が成立したことを証するために、本書2通を作成し、甲乙記名押印の上、各1通を保有するものとする。

令和3年4月6日

　　　　　　　贈与者（甲）　住所　東京都足立区××一丁目2番3号
　　　　　　　　　　　　　　　　　松本　茂　㊞
　　　　　　　受贈者（乙）　住所　東京都葛飾区××一丁目2番3号
　　　　　　　　　　　　　　　　　松本　翔平　㊞

登　記　申　請　書

登記の目的　　所有権移転
原　　　因　　令和３年４月６日贈与
権　利　者　　東京都葛飾区××一丁目２番３号
　　　　　　　　松本　翔平　㊞
　　　　　　　連絡先の電話番号　００－００００－００００
義　務　者　　東京都足立区××一丁目２番３号
　　　　　　　　松本　茂　実印
　　　　　　　連絡先の電話番号　００－００００－００００
添付書類
　　登記識別情報又は登記済証　登記原因証明情報
　　印鑑証明書　住所証明書
登記識別情報（登記済証）を提供することができない理由
　　□不通知　□失効　□失念　□管理支障　□取引円滑障害
　　□その他（　　　　）　□登記識別情報の通知を希望しません。

令和３年４月６日申請　東京法務局城北出張所
課税価格　金２０００万円
登録免許税　金４０万円
不動産の表示
　　所　　　在　　東京都足立区××一丁目
　　地　　　番　　２番３
　　地　　　目　　宅地
　　地　　　積　　１７８．１５㎡

3 遺贈に関する登記申請書類の作成方法

遺言執行者の有無により記載の仕方が変わってくる

遺贈に関する登記申請書類の作成の際の注意点

遺言において、相続財産の全部または一部を贈与することを**遺贈**といいます。

遺贈の登記は、受遺者を権利者とし、遺贈者である登記名義人を義務者として申請することになります。遺贈者はすでに死亡していることから、遺言執行者がいる場合には、その者が、遺言執行者がいない場合は遺贈者の相続人の全員が登記手続きを行うことになります。ただし、不動産登記法の改正により相続人に対する遺贈に関しては登記権利者（遺贈を受けた相続人）が単独で申請できることになります。

この際、登記申請書の義務者の欄には、遺言執行者がいる場合は「亡甲野次郎」と遺贈者の氏名・住所を記載し、遺言執行者がいない場合は、「亡甲野次郎相続人 甲野花子」と相続人の氏名・住所を記載します。遺言執行者が司法書士等の代理人に登記申請を依頼する場合には、遺言執行者を委任者とする委任状を作成し、実印を押印した上で遺言執行者の印鑑証明書を添付することになります。したがって、この場合、登記申請書には遺言執行者の氏名は明記されません。

登記原因証明情報としては、①遺言書と②遺贈者の死亡を証する情報（死亡の記載のある戸籍謄本など）を提供しなければなりません。もっとも、相続とは異なり遺贈者の戸籍謄本は出生まで遡る必要はありません。

遺言により遺言執行者が指定されている場合は遺言書と遺言者の死亡の記載のある戸籍謄本が、家庭裁判所が遺言執行者を指定した場合は遺言書と家庭裁判所の選任審判書が代理権限証明情報になります。

遺言執行者がない場合は、相続証明情報として、相続人であることを証する戸籍謄本を提出します。

　登録免許税は、課税価格（固定資産評価証明書に記載された価格。1000円未満切捨て）の1000分の20です（100円未満切捨て）。なお、相続人が受遺者となる場合は、課税価格の1000分の4となります。ただし、この場合は受遺者が相続人であることを証する情報の提供が必要になります。

その他気をつけること

　遺贈者である所有権の登記名義人の登記簿上の住所と死亡時の住所とが異なるときは、相続登記と違い遺贈の登記に先立ち、所有権の登記名義人の住所の変更登記を申請しなければなりません。

■ 遺贈のケースごとの登記義務者と代理権限証明情報 …………

	登記義務者	代理権限証明情報
遺言書で遺言執行者が指定されている場合	遺贈者	・遺言書（自筆証書遺言の場合は原則として家庭裁判所の検認済証明書の添付が必要） ・遺贈者の死亡の記載のある戸籍謄本
家庭裁判所で遺言執行者が指定されている場合	遺贈者	・遺言書（自筆証書遺言の場合は原則として家庭裁判所の検認済証明書の添付が必要） ・家庭裁判所の選任審判書
遺言執行者の指定がない場合	遺贈者の相続人	・遺言書と死亡の記載のある戸籍謄本は登記原因証明情報となる ・相続証明情報として相続人であることを証する戸籍謄本などを提出

```
┌─────────────────────────┐
│                         │
│                         │
│                         │
└─────────────────────────┘
```

登　記　申　請　書

登記の目的　　　　所有権移転
原　　　因　　　　令和３年５月２５日遺贈
権　利　者　　　　○○市○○町○丁目○番地
　　　　　　　　　鈴木　花子　㊞
　　　　　　　　　連絡先の電話番号　００－００００－００００
義　務　者　　　　○○市○○町○丁目○番地
　　　　　　　　　亡　甲野　次郎
　　　　　　　　　○○市○○町○丁目○番地
遺言執行者　　　　甲野　花子　実印
　　　　　　　　　連絡先の電話番号　００－００００－００００

添付書類
　　　登記識別情報（又は登記済証）　登記原因証明情報
　　印鑑証明書　住所証明情報　代理権限証明情報
登記識別情報（登記済証）を提供することができない理由
　　　□不通知　□失効　□失念　□管理支障　□取引円滑障害
　　　□その他（　　　）　□登記識別情報の通知を希望しません。

令和３年６月３０日申請　○○法務局　○○支局

課税価格　　金１０００万円
登録免許税　金２０万円
不動産の表示
　所　　在　○○市○○町○丁目
　地　　番　○○番○
　地　　目　宅地
　地　　積　○○.○○㎡
```
```

登 記 申 請 書

登記の目的　　　所有権移転
原　　　因　　　令和３年５月２５日遺贈
権　利　者　　　○○市○○町○丁目○番地
　　　　　　　　鈴木　一郎　㊞
　　　　　　　　連絡先の電話番号　００－００００－００００
義　務　者　　　○○市○○町○丁目○番地
　　　　　　　　亡甲野次郎相続人　甲野　花子　実印
　　　　　　　　連絡先の電話番号　００－００００－００００
　　　　　　　　○○市○○町○丁目○番地
　　　　　　　　亡甲野次郎相続人　甲野　太郎　実印
　　　　　　　　連絡先の電話番号　００－００００－００００
添付書類
　　登記識別情報（又は登記済証）　登記原因証明情報
　　印鑑証明書　住所証明情報　相続証明情報
登記識別情報（登記済証）を提供することができない理由
　　□不通知　□失効　□失念　□管理支障　□取引円滑障害
　　□その他（　　　　　）　□登記識別情報の通知を希望しません。

令和３年６月３０日申請　　○○法務局　　○○支局

課税価格　　　金１０００万円
登録免許税　　金２０万円
不動産の表示
　　所　　在　　○○市○○町○丁目
　　地　　番　　○○番○
　　地　　目　　宅地
　　地　　積　　○○.○○㎡

4 死因贈与についての登記申請書類の作成方法

登記原因は共に贈与となる

■ 贈与の登記申請に関する注意点

　登記の申請に際しては、贈与契約書等、贈与の事実を証明する書面を添付します。この書面には、①贈与をした者（贈与者）と贈与を受けた者（受贈者）の氏名・住所、②贈与の事実、③その日付、④贈与の対象となる不動産の表示（権利証に記載されている不動産の表示）の記載が必要になります。

　贈与者の氏名・住所は当該不動産登記簿上に記載されている所有者の住所・氏名と一致している必要があり、かつ印鑑証明書および委任状の記載と一致していることが必要です。一方、受贈者の氏名・住所は住民票の記載と一致している必要があります。

　贈与の事実の記載については、たとえば「第1条 別紙目録記載の不動産につき、令和○年○月○日贈与者○○は受贈者△△に対し贈与することを約し、△△はこれを受諾した。第2条 ○○は、令和○年○月△日までに、当該不動産の引渡しおよび所有権移転登記を申請するものとする」などと記載し、「いつ・誰から誰に・何を」贈与するのかを明確にする必要があります。

■ 死因贈与の登記申請に関する注意点

　死因贈与の場合、登記申請時には贈与者はすでに死亡していることから後のトラブルを防止するため、登記原因証明情報となる死因贈与契約書には、執行者を定め、公正証書で作成しておくことが望ましいといえます。申請書に添付する印鑑証明書は、執行者の定めがある場合は、遺言執行者のものを、定めがない場合は贈与者の相続人全員の

ものが必要になります。

　また、相続人が登記義務者となる場合は、戸籍謄本等、相続があったことを証する書面を添付する必要があります。

　なお、執行者の定めがある場合、その者の権限を証する書面として、死因贈与契約書が公正証書で作成されている場合は公正証書、公正証書ではない場合は、当該文書に押印した贈与者の印鑑証明書または贈与者の相続人全員の承諾書と印鑑証明書の添付が必要になります。

登記の目的や登記原因の記載の仕方

　登記の目的は「所有権移転」であり、登記原因は「令和〇年〇月〇日贈与」と記載します。日付は贈与者の死亡日です。

　登記権利者は受贈者であり、登記義務者は贈与者です。死因贈与の場合の義務者は、贈与契約書に執行者の定めがある場合は、執行者が、定めがない場合は贈与者の相続人全員がなります。

　登録免許税は、原則として、課税価格（固定資産税評価証明書に記載された価格、1000円未満切捨て）の1000分の20です。

■ 添付書面（死因贈与）・・・

```
登記識別情報または登記済証
登記原因証明情報（死因贈与契約書、死亡届）
受贈者の住民票の写し
贈与者の死亡を証する書面（除籍）
固定資産税評価証明書（登記申請する年度分）
```

執行者の定めがある場合	執行者の定めがない場合
・執行者の印鑑証明書	・相続人全員の印鑑証明書
・公正証書	・相続証明情報（戸籍等）

死因贈与契約書が公正証書ではない場合

いずれか

・死因贈与契約書に押印した贈与者の印鑑証明書
・相続人全員の承諾書＋印鑑証明書

登　記　申　請　書

登記の目的　　　　所有権移転
原　　因　　　　　令和３年６月９日贈与
権　利　者　　　　東京都立川市××一丁目２番３号
　　　　　　　　　（住民票コード○○○○○○○○○○○○）
　　　　　　　　　佐藤　一郎　㊞
　　　　　　　　　連絡先の電話番号　００−００００−００００
義　務　者　　　　東京都日野市××三丁目４番５号
亡山田良子相続人　山田　花子　実印
　　　　　　　　　連絡先の電話番号　００−００００−００００
　　　　　　　　　東京都日野市××四丁目５番６号
亡山田良子相続人　山田　太郎　実印
　　　　　　　　　連絡先の電話番号　００−００００−００００
添付情報
　　登記識別情報（又は登記済証）　登記原因証明情報
　　印鑑証明書　住所証明情報（省略）　相続証明情報
登記識別情報（登記済証）を提供することができない理由
　　□不通知　□失効　□失念　□管理支障　□取引円滑障害
　　□その他（　　　　）　□登記識別情報の通知を希望しません。

令和３年６月１０日申請　東京法務局立川出張所
課税価格　　　　金２０００万円
登録免許税　　　金４０万円

不動産の表示
　所　　在　日野市××二丁目
　地　　番　３番４
　地　　目　宅地
　地　　積　１４８．７８㎡

抵当権抹消登記の申請書と添付書類の作成方法

登記原因には「弁済」の他、「解除」「放棄」などがある

抵当権の抹消をするには

被相続人の住宅ローンが団体信用生命保険付きの場合、被相続人死亡後、保険によって抵当権が解除される場合があります。そのような場合には抵当権の登記を抹消する必要があります。

抵当権抹消登記申請書を作成するには、まず、登記の目的を記載します。乙区の何番の登記を抹消するのかを示す必要があるので、「○番抵当権抹消」と書きます。土地と建物で抵当権の順位番号が異なる場合は、「抵当権抹消（順位番号後記のとおり）」と表示して、「不動産の表示」欄の「地番」または「家屋番号」の後に「（順位○番）」、と書きます。

抹消する抵当権を、抹消すべき登記と記載し、受付年月日および受付番号で特定してもかまいません。この場合、登記の目的は単に「抵当権抹消」と書けば足ります。

「原因」については、登記原因と抵当権が消滅した日を記載します。登記原因には、抵当権が担保する被担保債権（住宅ローンであれば金銭消費貸借契約に基づく金銭債権）が全額の返済を受けた場合に用いる「弁済」の他、抵当権設定契約を解除することにより抵当権が抹消する場合の「解除」、抵当権設定契約を放棄することによって抵当権が抹消する場合に用いられる「放棄」などがあります。

「原因」の下に、登記権利者（当該不動産の所有権登記名義人）の住所・氏名（または名称）、登記義務者（抵当権者）である銀行等の主たる事務所の所在地・商号・代表者の氏名を記載します（個人の場合は、住所・氏名）。

権利者（当該不動産の所有権登記名義人）の住所・氏名（名称）は、登記簿上の記載と一致していなければなりません。一致していない場合は、事前に登記簿上の住所、氏名（または名称）を現在のものに変更する登記が必要です。

　また、義務者（抵当権者）の記載が登記簿上の記載と一致していない場合は、登記簿上の住所と現在の住所へと至るつながりが確認できる住民票の写しや、登記事項証明書（法人の場合）を原則として添付しなければなりません。

▌添付書類と登録免許税

　登記原因証明情報として、義務者が作成した弁済証書や解除証書などを添付します。弁済証書などがない場合は、抵当権が消滅した原因となる事実などを記載した登記原因証明情報を作成して添付します。

　抵当権抹消登記の登録免許税は不動産１個につき1000円です。

■ 抵当権抹消登記申請書の作成ポイント ……………………………

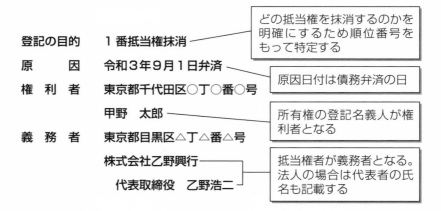

登記の目的　　１番抵当権抹消

> どの抵当権を抹消するのかを明確にするため順位番号をもって特定する

原　　　因　　令和３年９月１日弁済

> 原因日付は債務弁済の日

権　利　者　　東京都千代田区○丁○番○号

　　　　　　　甲野　太郎

> 所有権の登記名義人が権利者となる

義　務　者　　東京都目黒区△丁△番△号

　　　　　　　株式会社乙野興行

　　　　　　　　代表取締役　乙野浩二

> 抵当権者が義務者となる。法人の場合は代表者の氏名も記載する

```
┌──────────────────────────┐
│                          │
│                          │
│                          │
│                          │
└──────────────────────────┘
```

登 記 申 請 書

登記の目的　　　１番抵当権抹消

原　　　因　　　令和３年７月２７日弁済

権　利　者　　　東京都目黒区××三丁目１番２号

　　　　　　　　鈴木　太郎　㊞

　　　　　　　　連絡先の電話番号　００－００００－００００

義　務　者　　　東京都目黒区○○二丁目１番地

　　　　　　　　株式会社○○○○

　　　　　　　　（会社法人等番号　１２３４－５６－７８９００９）

　　　　　　　　代表取締役　宮本　真吾　㊞

　　　　　　　　連絡先の電話番号　００－００００－００００

添付書類

　　登記識別情報（又は登記済証）　登記原因証明情報　会社法人等番号

登記識別情報（登記済証）を提供することができない理由

　　　　□不通知　□失効　□失念　□管理支障　□取引円滑障害

　　　　□その他（　　　）　□登記識別情報の通知を希望しません。

令和３年８月５日申請　東京法務局渋谷出張所

登録免許税　金１，０００円

不動産の表示

　　　（省略）

6 住所・氏名を変更・更正する場合の登記手続き

比較的簡単な登記手続きなので自分でもできる

変更登記をしないとどうなるか

　被相続人と相続人が不動産を共有している場合、登記記録上の相続人の住所や氏名が当時のままで現在のものと相違していることがあります。その場合、現在の住所や氏名に登記記録の内容を改めておくほうが無難だといえます。なぜなら、それらの変更の登記をしないままで、所有権移転の登記を申請したり、抵当権抹消の登記を申請すると、登記申請が却下されてしまう可能性があるからです。また、不動産登記法の改正により住所氏名変更登記が義務化され、正当な理由なく申請を怠った場合は5万円以下の過料となる可能性もあるからです（50ページ参照）。

　このような変更登記を**登記名義人住所変更（更正）登記、登記名義人氏名変更（更正）登記**と呼びます。なお、住所や氏名が数回にわたって変わっている場合には、その回数分の登記名義人住所（氏名）変更登記を申請する必要はなく、直接現在の住所や氏名に変更することが可能です。ただし、この場合、登記記録上の住所や氏名から現在の住所や氏名までの連続性を証明するための住民票の写しなどの書類を添付することが必要（住民票コードを申請書に記載した場合は、住民票の写しなどの書類の添付を省略することができる場合があります）です。

　しかし、住所を転々と移している場合や、住所を変更してから時間が経過している場合は住民票の除票などが廃棄されていて連続性を証明できないことがあります。そのような場合、登記名義人と私は同一人物に相違ないという内容の上申書を作成し、添付しなければなりま

せん。この上申書には実印での押印が必要で印鑑証明書も添付します。その上、登記申請する物件の権利証の写し等の添付を求められる場合があります。

　令和元年に法改正があり住民票の除票などの保存期間が5年から150年となったので、連続性の証明がしやすくなりました。しかし、すでに廃棄された除票は原則として交付されませんので注意が必要です。

▌申請前に登記記録を確認する

　まず初めに事前に管轄の法務局に行って登記記録の内容について確認してみましょう。確認の流れは下図のとおりです。

　なお、土地の場合、分筆がなされていると、分筆後の各々の土地について変更登記が必要になります。また、建物の場合は、増改築によって不一致が生じることがあります。

▌申請書と添付書類の綴じ方

　まず、申請書を1番上にして、その下に登録免許税を納付したことを証明する領収書や収入印紙を貼付したA4判の白紙の台紙を重ねま

■ 登記記録の確認と不一致の有無についての調査 ·················

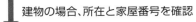

登記識別情報や登記済証、固定資産税評価証明書、固定資産税の納付書を参照する

土地の場合、所在と地番を確認

建物の場合、所在と家屋番号を確認

登記事項証明書の取得 ／ 登記事項証明書の取得

手元資料などの記載と、所在・地番・地目・地積（面積）、住所・氏名などの不一致、分筆や合筆の有無を確認する

所在・家屋番号・種類・構造・床面積、住所・氏名などについて手元の資料などと不一致がないかを確認する

す。次に住民票の写し（住民票コードを申請書に記載した場合は、添付を省略することができる場合があります）などを重ね、左側をホチキスでとめて1つにつづります。

登記完了を登記事項証明書で確認する

登記名義人住所変更登記などの場合、登記が完了しても、登記識別情報は通知されません。登録完了後、登記事項証明書の交付を申請すれば、登記が正確になされているかどうかを確認することができます。

登記事項証明書には、変更前の氏名や住所に下線が引かれています。これは以前の氏名や住所が抹消されたことを示しています。

登録免許税はどうなるのか

この種の登記の登録免許税は、原則として不動産1個（マンションの場合は建物の個数と敷地の数）につき1000円です。住所変更と氏名変更を同時に申請する場合も1000円ですが住所更正と氏名変更や住所変更と氏名更正を同時に申請する場合は2000円となります。ただ、住居表示実施の場合、または住所移転後に住居表示実施があった場合（最終の原因が住居表示の実施の場合）は、登録免許税はかかりません。

また、2回以上住所移転を経た後に登記名義人の住所についての変更登記をする場合には、経過のすべてを登記する必要はなく、直接現在の住所を登記することが可能です。登録免許税も不動産1個につき1000円です。

住所・氏名の記録が誤っている場合

住所や氏名について、最初から真実とは異なった記録がされていることも稀にあります。原因としては、ⓐ申請人に過誤があったか、ⓑ登記官に過誤があったかの2つです。

申請人に過誤があった場合

更正登記の申請をして、正確な登記に改めます。申請の手続きは変更登記と似ています。登記の原因は「錯誤」とし、正しい住所を「更正後の事項」として記載します。納付する登録免許税額は、変更の時と同じく不動産一件につき1000円（マンションの場合は建物の個数と敷地の数）です。更正登記を行う際には、以下のような添付書類をあわせて提出します。

氏名の誤りの場合には、登記原因証明情報として、正しい氏名が記載された戸籍謄抄本などを添付します。

住所の誤りの場合には正しい住所が記載された住宅票の写しまたは戸籍の附票（住民票コードを申請書に記載した場合は、添付を省略することができる場合があります）を添付します。

登記官に過誤があった場合

保管されている登記済証や登記識別情報に記載されている氏名・住所が正確であれば登記官記録のときに過誤があった可能性があります。この場合は、登記官が法務局長または地方法務局長の許可を得て職権で登記の更正を行います。

■ 変更登記と更正登記 ···

登記の申請時点では申請内容に問題はなかったが、その後登記事項に変更が生じた場合	➡	変更登記
登記の申請時点で記載漏れなどの誤った登記をしていた場合	➡	更正登記

7

氏名・名称の変更・更正登記の申請書と添付書類の作成方法

登録免許税は不動産１個につき１０００円となる

氏名・名称変更登記の申請書作成上の注意点

　所有権の登記後、結婚や離婚、養子縁組などにより氏名が変更した場合および登記名義人が法人の場合には商号変更を行ったときには、「所有権登記名義人の氏名・名称の変更」登記を申請することになります。この際、氏名の変更がわかる戸籍謄本及び本籍地の記載がある住民票もしくは戸籍の附票を、法人の場合は商号変更があった旨がわかる登記事項証明書を添付します。ただし、住民票コードを申請書に記載した場合は、住民票の写しなどの書類の添付を省略することができる場合があります。また、会社法人等番号を申請書に記載した場合は原則登記事項証明書を添付しなくてもかまいません。

登記の目的、登記の原因などの記載の仕方

　登記の目的は「○番所有権登記名義人氏名（法人の場合は名称）変更（更正）」とします。

　登記原因ですが、変更登記の場合は「令和○年○月○日 氏名変更（法人の場合は商号変更）」と記載します。所有権登記名義人氏名変更登記の場合、原因が婚姻や離婚、養子縁組や離縁等でも申請書には「氏名変更」と記載することになります。これはプライバシーに配慮したためと考えられますが、住所変更の場合（111ページ）とは異なるので申請書作成時には注意しましょう。更正登記の場合は単に「錯誤」とのみ記載します。

　変更登記の原因日付は、氏名変更の原因ごとに異なります。まず、婚姻による場合は、婚姻の届出日、協議離婚の場合は離婚の届出日、

裁判上の離婚の場合には裁判の確定日を、養子縁組の場合は縁組の届出日を記載します。法人の場合は法人の登記簿謄本に記載されている商号変更の日を記載します。

　この他、変更（更正）後の事項として、戸籍等に記載されている現在の氏名（名称）を記載します（変更（更正）前の氏名・名称の記載は不要です）。また、共有者のうちの一人の氏名等に変更があった場合は変更（更正）後の事項として、「共有者○○○○の氏名」と記載します。

　登記の申請は、登記名義人が単独で行うことができます。申請書類には、申請人の住所・氏名を、住民票記載通りに記載し、押印します。また登記申請に不備がある場合に、法務局が連絡できるように、連絡先の電話番号の記載が必要です。

　なお、登録免許税は不動産1個につき1000円です。マンションの場合は、建物の個数と敷地の数になります。

■ 氏名の変更・更正

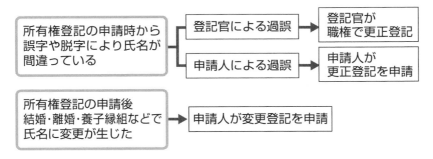

登 記 申 請 書

登 記 の 目 的　　１番所有権登記名義人住所変更
原　　　　　因　　令和３年８月１日住所移転
変 更 後 の 事 項　　住所　東京都目黒区××三丁目１番２号
申　　請　　人　　東京都目黒区××三丁目１番２号
　　　　　　　　　　　　鈴木　太郎　㊞
　　　　　　　　　連絡先の電話番号　００－００００－００００

添付書類
　　　登記原因証明情報

令和３年８月１０日申請　東京法務局渋谷出張所

登録免許税　金２，０００円

不動産の表示
　　所　　　在　目黒区××二丁目
　　地　　　番　３番４
　　地　　　目　宅地
　　地　　　積　１４８．７８㎡

　　所　　　在　目黒区××二丁目３番地４
　　家屋番号　３番４
　　種　　　類　居宅
　　構　　　造　木造瓦葺二階建
　　床 面 積　１階　５８．２８㎡
　　　　　　　　２階　３６．１１㎡

登　記　申　請　書

登 記 の 目 的　１番所有権登記名義人住所氏名変更

原　　　　　因　令和３年８月１日氏名変更

　　　　　　　　令和３年８月１０日住所移転

変更後の事項　住所　東京都品川区××二丁目３番３号

　　　　　　　　氏名　山崎　真由美

申　　請　　人　東京都品川区××二丁目３番３号

　　　　　　　　山崎　真由美　㊞

　　　　　　　　連絡先の電話番号００－００００－００００

添付書面　登記原因証明情報

令和３年８月２９日申請　東京法務局品川出張所

登録免許税　金１，０００円

不動産の表示

　　所　　在　品川区××二丁目

　　地　　番　３番３

　　地　　目　宅地

　　地　　積　９８．２４㎡

8

住所の変更・更正登記の申請書と添付書類の作成方法

正しい情報に変更・更正する

住所変更登記をする場合

　所有権登記名義人の住所や本店に移転が生じた場合の添付書面は、住所の変更を生じさせた原因により異なります。

　まず、引っ越しにより住所変更が生じた場合は、登記簿上の住所から現在の住所への変更を証明できる住民票の写しまたは戸籍の附票を添付します。法人の場合は、本店移転を証する登記事項証明書を提出することになります。ただし、住民票コードを申請書に記載した場合は、住民票の写しなどの書類の添付を省略することができる場合があります。また、会社法人等番号を申請書に記載した場合は原則として登記事項証明書を添付しなくてもかまいません。

　数回にわたって住所を移転している場合、1通の住民票の写しで住所移転の連続性を証明できないときもあります。そのときは、数通の住民票の写しの添付を要します。

　次に、住居表示の実施により変更が生じた場合は、住居表示実施証明書を添付します。この証明書は、市区町村役場で取得することができ、①住居表示が実施されたこと、②住居表示が実施された年月日、および③住居表示の実施前の住所（登記簿上の住所）と実施後の住所（現在の住所）が記載されています。また、土地の名称や町名が変わった場合には、市区町村役場から発行される、町名地番変更証明書などを添付します。

住所更正登記をする場合

　更正登記には、正しい住所が記載された住民票の写しまたは戸籍の

附票、法人の場合は登記事項証明書を添付します。ただし、住所変更登記と同様に住民票コードを申請書に記載した場合は、住民票の写しなどの書類の添付を省略することができる場合がありますし、会社法人等番号を申請書に記載した場合は原則として登記事項証明書を添付しなくてもかまいません。

▌住所の変更・更正登記申請書作成の注意点

　登記の目的は「○番所有権登記名義人住所変更（更正）」です。登記原因は、更正登記の場合は「錯誤」とのみ記載します。変更登記については、住所変更を生じさせた事由により、下記のように記載します。

　①住所移転の場合は、「令和○年○月○日住所移転（法人の場合は本店移転）」、②住居表示の実施の場合は「令和○年○月○日住居表示実施」、③町名地番の変更の場合は「令和○年○月○日町名変更、地番変更」と記載します。複数回住所を移転している場合は、住民票から住所移転の日付がわからないなどにより、誤った日付を記載してしまうと、法務局から訂正を求められるのでとくに注意が必要です。

■ 住所の変更と登記 ……………………………………………

	登記原因	添付書面	登録免許税
引越し等で住所移転	令和○年○月○日住所移転	住民票の写しまたは戸籍の附票	不動産1個につき1000円
住居表示の実施	令和○年○月○日住居表示の実施	住居表示実施証明書	非課税
町名地番変更	令和○年○月○日町名変更、地番変更	町名地番変更証明書	非課税

登　記　申　請　書

登 記 の 目 的　　１番所有権登記名義人住所更正
原　　　　因　　錯誤
更正後の事項　　住所　東京都目黒区××三丁目１番２号
申　　請　　人　　東京都目黒区××三丁目１番２号
　　　　　　　　　　　鈴木　太郎　㊞
　　　　　　　　　　連絡先の電話番号００−００００−００００
添付書類
　　登記原因証明情報

令和３年８月１０日申請　東京法務局渋谷出張所

登録免許税　金２，０００円

不動産の表示
　　所　　　在　　目黒区××二丁目
　　地　　　番　　３番４
　　地　　　目　　宅地
　　地　　　積　　１４８．７８㎡

　　所　　　在　　目黒区××二丁目３番地４
　　家屋番号　　３番４
　　種　　　類　　居宅
　　構　　　造　　木造瓦葺二階建
　　床 面 積　　１階　５８．２８㎡
　　　　　　　　　　２階　３６．１１㎡

第 4 章

相続財産とその評価

1 なぜ相続財産を評価するのか

遺産分割協議の前に相続財産の中身を調べる

遺産とは何か

遺産とは、被相続人が死亡時に残した財産です。中身もさまざまです。遺産は大きく、ⓐ現金・預金、手形、小切手、不動産、動産、債権、株などのプラスの財産と、ⓑ借金、保証債務、買掛金、預かり品の返還義務などの債務であるマイナスの財産に分類できます。

債務は、この他に相続人から被相続人への生前の貸付や立替金、仮払いなどがあります。たとえば、相続人が立替払いをしていた被相続人の入院費、治療費などがこれに含まれます。ただし、死後に発生する葬儀代、法事の費用などは被相続人の債務ではありません。また、配偶者、直系血族、兄弟姉妹などの一定の親族には民法上の扶養義務があるため、被相続人に対する立替払いが無条件に相続税に関する債務に該当するかはケースによって違います。

相続税が課される財産には、以下に掲げる財産があります。

① 本来の相続財産

民法の規定によって被相続人から相続または遺贈により取得される財産のことです。ここでいう「財産」は、広い意味に解され、被相続人が持っている財産のうち金銭に見積もることができる経済的価値のあるものをすべて含みます。

② みなし相続財産

ある財産を取得したり経済的利益を受けたことが、実質的に見て相続または遺贈によるものと同じような経済的効果があると認められる場合には、相続または遺贈により取得したものとみなして相続税の課税財産となります。これを**みなし相続財産**といいます。たとえば、生

命保険金、退職手当金、生命保険契約に関する権利などがあります（下図参照）。

③　相続開始前3年以内に取得した贈与財産

相続または遺贈により財産を取得した者が、被相続人から相続開始前3年以内に財産の贈与を受けていた場合には、贈与された財産の価額は相続税の課税価格に加算されます。相続または遺贈により財産を取得していない者に対して行われた相続開始前3年以内の贈与については、課税対象とはなりません。

④　相続時精算課税により贈与を受けた財産

相続時精算課税制度（169ページ）の届出をして取得した贈与財産の価額は、相続税の課税価格に加算されます。

なお、被相続人の財産であっても、相続できないものがあります。一身専属権と使用貸借権の2つです。**一身専属権**とは、被相続人だけにしか行使できない権利や義務（親権、扶養料請求権、身元保証人の義務など）のことです。一身専属権の権利や義務は、被相続人の死亡

■ 相続税の課税対象となる財産 ・・・・・・・・・・・・・・・・・・・・・・・・・・・・・・・・・・・

相続税の
かかる財産

本来の相続財産

土地、土地上の権利、家屋、事業用財産、現金、預貯金、有価証券、美術品、家具など

みなし相続財産

死亡退職金、退職年金の継続受給権、生命保険金、生命保険契約に関する権利、定期金（年金）の受給権、定期金（年金）契約に関する権利

※この他に、相続開始前3年以内に取得した贈与財産と、相続時精算課税により贈与を受けた財産が、相続税の課税対象となる。

と同時に消滅します。使用貸借権とは、物を無償で貸借する権利のことです。これは、貸主と借主の特別な契約関係で成立しているため、契約当事者の一方の人が死亡すると効力を失います。ただし、不動産の使用貸借については、例外的に相続が認められる場合もあります。

▍なぜ相続財産の評価をするのか

遺産の中身や価値を正確に把握して、それぞれの財産の価額を評価しておかないと、具体的な遺産分割協議ができません。また、遺産の評価をしないと、相続税の納税額もわかりません。ですから、相続が発生した場合には、遺産を把握して、評価額を算定することになります。仮に、遺産分割がすんでから新たに遺産が出てきた場合には、遺産分割協議をやり直すことになります。なお、遺産分割協議自体を最初からやり直すか、新たに発見された遺産についてのみ遺産分割協議をやり直すかは、ケースによって異なります。

▍遺産は時価で評価する

相続財産がすべて現金や預貯金であれば評価は簡単なのですが、そのようなケースはまれです。実際の相続財産としては、土地や建物、美術品など容易に評価できないものがほとんどです。また、相続の税務と民法上の遺産分割実務では財産評価が異なることもあるため、注意が必要です。相続税法では、相続人の財産は相続開始日の「時価」で評価すると定められています。生前贈与における評価日は贈与を受けた日とされています。しかし、時価という言葉は、意味としては「そのときの価値」といったところで、かなりあいまいな表現です。

実務上は、「財産評価基本通達」に示された時価の基準に基づいて財産を評価し、相続税を計算します。これは、いろいろな財産の時価の計算方法に関する相続税法の解釈指針です。

2 不動産はどのように評価するのか

確実に自分のものにするには登記をする

各種の不動産の評価方法を知っておく

不動産の評価方法は、通常の土地や家屋の他、農地、山林、賃貸不動産等によって分かれており、次のとおりに行います。

① **土地の評価**

国税庁が発表する路線価に基づく路線価方式と、地方自治体が定める固定資産税評価額に基づく倍率方式などを参考にします。

② **借地・貸地の評価**

借地は通常の土地（自用地）の評価額×借地権割合、貸地は自用地の評価額×（1－借地権割合）になります。

③ **農地、山林の評価**

基本的には倍率方式ですが、市街地等については宅地とした場合の評価額から、宅地に転用するとした場合にかかる造成費用を差し引いた評価額（宅地比準方式）を参考にします。

④ **家屋の評価**

固定資産税評価額を参考にします。

⑤ **借家・貸家の評価**

借家は家屋の評価額×借家権割合、貸家は家屋の評価額×（1－借家権割合）になります。

土地の時価には4種類がある

土地の時価には、119ページ図の4種類があります。時価の種類のうち、土地にかかる相続税を計算する場合に用いる時価は、**相続税評価額（路線価）**です。相続税評価額は、実勢の取引価格よりも低く

（約70％相当）設定されています。土地の相続税評価額の算定方式には二種類あり、路線価方式か倍率方式のいずれかの方式で評価して計算します。２つのうちどちらで評価するかは、所在地によって自動的に決定されます。評価すべき土地がどちらの方式で評価するか不明な場合は、税務署に確認します。

① 路線価方式

路線価が定められている地域（主に市街地）では、路線価方式により評価額を算出します。**路線価**とは、道路に面する標準的な宅地の１㎡あたりの価額です。実務上は、路線価は「路線価図」を見て計算することになります。路線価図は、毎年１回改定されます。この路線価に、土地の立地や形状に応じた修正（補正率あるいは加算率）を加えた後に、その土地の面積を掛けて評価額を計算します。

なお、同じ面積の土地であっても、その地形によって利用価値にかなり差が生じます。そのような場合には、その評価額を補正する必要がでてきます。補正する場合に用いる補正率は地区区分によって異なります。地区区分は、路線価図に表示されている「ビル街地区」「高度商業地区」「繁華街地区」「普通商業・併用住宅地区」「普通住宅地区」「中小工場地区」「大工場地区」の７つがあります。

② 倍率方式

路線価が定められていない地域（市街地以外）では、倍率方式により評価額を算出します。この方式は、固定資産税評価額にその地域ごとに定められている一定の倍率を掛けて評価額を計算します。

特殊な事例で上記の２つの方式では適正な土地評価ができない場合は、３つ目の算定方法として、「不動産鑑定評価額」を基準にして土地の相続税評価額を決める方法も考えられます。不動産鑑定評価額とは、国家資格を持つ不動産鑑定士が国土交通省などによって定められた「不動産鑑定評価基準」に基づいて不動産価格を算定するものです。不動産鑑定士による評価であれば、国税局の示した２つの方式では加

味されない特殊な事情も算定の対象に加えることができます。

▋ 地形による補正とは

　たとえば、同じ面積の隣り合った土地であっても、一方は、きちんとした長方形をしており、もう一方がゆがんでいるような形をした土地の場合、長方形の土地のほうが評価は高くなります。相続税の評価もこのように土地の使い勝手から見た評価による補正を加えた上で、最終的な評価額を算定します。

①　奥行価格補正

　同じ面積の土地だとしても、形状の違いによって、その土地の奥行の距離は異なります。この場合に、土地の奥行の距離に応じて路線価を補正するのが奥行価格補正です。

②　側方路線影響加算（角地加算）

　交差点などの角地は、一般的に利用価値が高いとされています。それを評価額に反映させるために一定の金額を加算します。

③　二方路線影響加算（裏面加算）

　表と裏に道路が面している土地は、「二方路線影響加算率表」を用います。評価額の計算については、正面路線価（路線価の高い方のこと）をもとに計算し、加算します。

■ 時価の種類 ……………………………………………………………

種　　類	内　　容
① 取引価格（実勢売買価格）	現実の売買価格に基づく実勢の価格。
② 公示価格（標準価格）	毎年１月１日に改定され、３月に公表される。取引価格の約90％。
③ 相続税評価額（路線価）	地価公示価格と同時に改定され、７月に公表される。公示価格の約80％。
④ 固定資産税評価額	固定資産税を課税するための時価で３年ごとに見直される。公示価格の約70％。

④　その他

　間口（不動産などが道路に接している部分の長さ）が狭い宅地や、間口距離との関係から見て奥行の長い宅地は、適当な間口と奥行のある宅地に比べて価格が下がると考えられています。そこで、その評価に関しては、「間口狭小補正率」や「奥行長大補正率」を適用して路線価格を減額修正することができます。また、形状にもよりますが、不整形地（通常の長方形や正方形ではない宅地）や無道路地（道路に接していない宅地）は、減額して評価することができます。

■ 路線価図 ･･

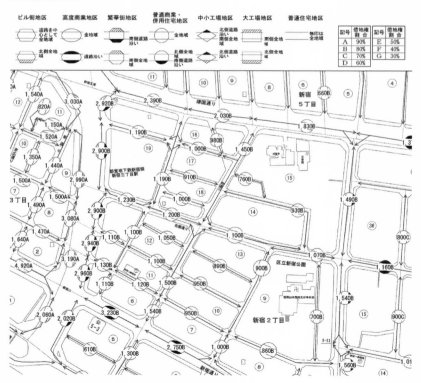

小規模宅地等の特例について知っておこう

事業用地・居住用の宅地は評価額が軽減される

小規模宅地等の特例とは

　事業用の土地や居住用の土地は生活基盤財産のため、遺産の中に住宅や事業に使われていた宅地等がある場合には、その宅地等の評価額の一定割合を減額する特例（**小規模宅地等の特例**）が設けられています。対象となるのは、主に以下の要件を満たしている場合です。

・被相続人または被相続人と生計を一にしていた被相続人の親族の居住または事業のために使用されている宅地等、または特定同族会社や特定郵便局の敷地として使用されている宅地等であること
・棚卸資産およびこれに準ずる資産に該当しないこと
・農地や牧草地以外で建物や構築物の敷地であった宅地
・相続税の申告期限までに遺産分割が確定していること
・相続税の申告期限までに相続人がその土地を取得し、居住や事業のために利用していること
・被相続人が居住に使用していた宅地を複数所有していた場合、「主として」居住していた宅地に限定
・相続開始前3年以内に、本人、配偶者、3親等内の親族または特別の関係のある法人が所有する家屋に居住したことがなく、かつ相続開始前に本人が居住している家屋を所有したことがないこと（配偶者や同居の親族以外が対象となる宅地を取得する場合）
・相続開始前3年以内に新たに事業を行った宅地等ではないこと（相続開始前3年以内に事業で使用された宅地等であっても、その宅地の上で事業で使用された建物や構築物などの償却資産の価額が、宅地等の相続時の価額の15％以上ある場合を除く）

評価減率はどうなっている

具体的な評価減率は、次の①～③のようになります。

① 特定居住用宅地等（限度面積330㎡）

申告期限までに、被相続人またはその配偶者と同居または生計を一にしていた親族が、被相続人が居住していた土地を自分の居住用として使う場合、80％の減額となります。被相続人に配偶者や同居している親族がいない場合には、別居の親族でも、持ち家をもたないなど一定の要件を満たせば、本特例の適用を受けることができます。

② 特定事業用宅地等（限度面積400㎡）

申告期限までに、被相続人が事業用に使用していた土地を取得して同じ事業に使う場合、80％の減額となります。

③ 貸付事業用宅地等（限度面積200㎡）

不動産貸付業や駐車場などを営んでいる場合には、200㎡までの宅地部分に関して、50％の減額となります。たとえば、遊休地を持つ資産家が、事業用建物を建てることで上記②の適用対象となるため、相続税を相当節税できる可能性があります。なお、2世帯住宅について、被相続人とその親族が各独立部分に分かれて住んでいた場合においても、小規模宅地等の特例が適用できます。

■ 小規模宅地等の減額の計算例 ……………………………………

〈設定〉・宅地面積……500 ㎡　　・通常の評価額……1億

ケース	減額される額	課税される額
特定居住用宅地等	1億円 $\times \dfrac{330㎡}{500㎡} \times 80\%$ $= 5,280$万円	1億円－5,280万円 $= 4,720$万円
特定事業用宅地等	1億円 $\times \dfrac{400㎡}{500㎡} \times 80\%$ $= 6,400$万円	1億円－6,400万円 $= 3,600$万円
貸付事業用宅地等	1億円 $\times \dfrac{200㎡}{500㎡} \times 50\%$ $= 2,000$万円	1億円－2,000万円 $= 8,000$万円

4 農地や山林の評価方法について知っておこう

区分によって評価方法が決められている

農地の区分と評価とは

　農地は、所在する地域などにより、①純農地、②中間農地、③市街地周辺農地、④市街地農地の４つの区分に分類されています。この区分は、国税庁のホームページ（http://www.rosenka.nta.go.jp/）の評価倍率表に記載されています。

　農地の評価方法には、倍率方式と宅地比準方式の２つがあります。

・倍率方式

　固定資産税評価額に一定の倍率を掛けたものです。

・宅地比準方式

　その農地が宅地であるとした場合の価額を、路線価方式により評価する地域にあってはその路線価により、また倍率地域にあっては、評価しようとする農地に最も近接し、かつ、道路からの位置や形状等が最も類似する宅地の評価額（宅地としての固定資産税評価額×宅地としての評価倍率）に基づいて計算し、その価額から、宅地に転用するとした場合にかかる造成費用を差し引いて評価額とするものです。

　前述した農地区分の①と②は倍率方式、③は市街地農地の80％の額、④は宅地比準方式または倍率方式で評価します。また、宅地造成費用については、国税局ごとに一定の金額が定められています。

山林では立木も評価の対象となる

　山林の評価方法は、農地の評価方法と似ていて、その所在地などに応じて、①純山林、②中間山林、③市街地山林の３つに区分して評価します。①と②は倍率方式、③は宅地比準方式または倍率方式のいず

れかで評価します。山林は実測の面積が登記簿上の面積と異なること（縄のび）があった場合、登記簿上の面積ではなく、実測による地積（土地の面積）を用いて評価します。

　また、原野や牧場などの評価は、山林の評価に準じて計算します。この場合は、森林内の立木や果樹も評価の対象となります。その評価は国税局が定める標準価額に、土地の肥え具合を数値化した「地味級」、森林の植栽密度を示す「立木度」などを掛けて評価します。ただ、収益を目的としない果樹などは評価の対象にはなりません。

　保安林（公共の目的により伐採や開発などが制限される森林）は固定資産税が非課税ですので、固定資産税評価額を基準にした評価はできません。そのため、森林法で保安林に指定されている山林は、近隣の山林における固定資産税評価額を基準にして評価します。また、保安林は、立木の伐採が制限されている度合いに応じて、30 〜 80％の範囲で減額して評価することができます。

　なお、緑地保全地区内山林についても、80％の減額評価とすることができます。詳細は税務署や森林組合に問い合わせてみましょう。

■ 農地・山林の評価方法 ……………………………………………

農　地	
①純農地	固定資産税評価額 × 倍率
②中間農地	固定資産税評価額 × 倍率
③市街地周辺農地	市街地の農地であるとした場合の価格 × 0.8
④市街地農地	宅地とした場合の評価額 − 宅地造成費 または 固定資産税評価額 × 倍率
山　林	
①純山林	固定資産税評価額 × 評価倍率
②中間山林	固定資産税評価額 × 評価倍率
③市街地山林	宅地とした場合の評価額 − 宅地造成費 または 固定資産税評価額 × 倍率

貸地などはどのように評価するのか

アパートなどの敷地は評価減となる

借地は評価額が低くなる

借地人が死亡した場合は、この借地権も相続の対象になります。借地権の評価額は、通常の土地、つまり自用地（他人の権利の目的となっていない更地）の評価額に、国税局が定める借地権割合を掛けて算出します。また、地上権（建物などの建造物を所有することを目的に、他人の土地を利用できるという内容の物権）も相続の対象となります。地上権の評価額は、自用地評価額に、地上権の残存期間に応じて定められている割合を掛けて算出します。この借地権割合ですが、地域により借地事情が異なるということで、地域ごとに定められ、路線価図や評価倍率表に表示されています。

貸宅地の評価方法

貸宅地（底地）とは、借地権や地上権の対象となっている土地を地主側の立場から見た場合の呼び方です。貸宅地は、借地権や地上権があるため、土地の所有者であっても自由に処分することはできません。そこで、貸宅地の評価額は、自用地評価額から借地人の持っている借地権や地上権の価額を差し引いて算出します。

定期借地権が設定されている場合

定期借地権とは、対象となる契約期間や建物の使用目的によって、借地期間が一定期間で解消されることを法的に保証する権利です。定期借地権をもつ地主にとってのメリットは、契約期間が限定されるので、安心して土地を貸すことができることや、一時金として受け取る

保証金を長期的に運用ができることなどです。一方、借地人としての
メリットは、安い保証金で土地を借りられることなどです。

　一般定期借地権（公正証書等の書面により借地期間を50年以上とし、
借地期間満了により借地権が確定的に終了するもの）が設定されてい
る貸宅地（底地）の評価額は、その宅地の自用地としての評価額から、
地域ごとの底地割合や、借地期間に対する残存期間の複利年金現価率
の割合などが加味された一般定期借地権に相当する額を差し引いて評
価します。また、その他の定期借地権が設定されている貸宅地の評価
額は、その宅地の自用地としての評価額から、定期借地権などの残存
期間に応じた割合を掛けて計算した額を差し引いて評価します。残存
期間に応じた割合は以下のとおりです。

・残存期間が５年以下のもの…５％
・残存期間が５年超10年以下のもの…10％
・残存期間が10年超15年以下のもの…15％
・残存期間が15年超のもの…20％

▎貸家建付地の評価額の軽減とは

　貸家建付地とは、アパートなどの敷地のように自分で所有する土地
に自分で建物を建て、その建物を他人に賃貸している土地のことです。
貸家建付地は、土地も家屋も地主の所有財産ですが、この場合、相続
が発生したからといって、すぐに借家人に出ていってもらうことはで
きません。ですから、通常の評価額よりも低い価額で評価します。

　なお、普通の家屋の評価額に対する貸家の評価額の割合を借家権割
合といいます。借家権割合は、現在、すべての地域について30％と
なっています。

▎使用貸借の土地の評価

　個人間で行う無償による土地の賃借を使用貸借といいます。たとえ

ば、父親の持っている土地を子どもが借りて家を建てるといった場合がこれにあてはまります。この場合、一般の賃貸借と違い、父親の土地の利用権が制限されているとはみなしません。したがって、使用貸借の土地は自用地と同じ評価を行います。

■ 借地権の評価額の計算方法

計算式

借地権の評価額 ＝ その宅地の通常の評価額 × 借地権割合（※）

※路線価図の地域区分により決まる。
　A地域が90%、B地域が80%、C地域が70%、D地域が60%、E地域が50%、
　F地域が40%、G地域が30%

■ 貸宅地の評価額の計算方法と計算例

計算式

貸宅地の評価額 ＝ その宅地の通常の評価額 － その宅地の通常の評価額 × 借地権割合

〈例〉●通常の評価額　2億円　　●借地権割合　60%
　　　2億円 － 2億円 × 60% = 8,000万円 ← 貸宅地の評価額

■ 貸家建付地の評価額の計算方法と計算例

計算式

貸家建付地の評価額 ＝ その宅地の通常の評価額 － その宅地の通常の評価額 × 借地権割合 × 借家権割合（※1） × 賃貸割合（※2）

〈例〉● 通常の評価額　1億円　　　● 借地権割合　70%
　　　● 借家権割合　30%　　　● 賃貸割合　80%
　　1億円 － 1億円 × 70% × 30% × 80% = 8,320万円
　　　　　　　　　　　　　　　　　　　　　└ 貸家建付地の評価額

※1　現在はすべての地域で一律30%
※2　家屋の全床面積に対する、課税の時に賃貸している部分の床面積の割合のこと
　　　（一時的な空室は含まず）

Q 私道や私道に接する宅地、マンションの敷地の評価は何を基準に算定するのでしょうか。評価方法について教えてください。

A 公道に面している土地の場合、路線価（118ページ）を用いて評価額を計算することができます。しかし、たとえば元の広い土地を区分けした場合など、公道に面していない土地も中には存在し、土地をどう評価したらよいか迷う場合があります。

土地の周りに私道しかない場合、路線価で評価することはできません。通常、私道には路線価がつけられていないからです。このような場合は、どうすればよいのでしょうか。

私道にしか接していない土地の場合、その土地の所在地を所轄する税務署で、その私道に「特定路線価」を設定してもらい、それを基準にして土地の評価額を計算します。

この特定路線価が必要な場合は、設定対象地を所轄する税務署にその旨を記載した「特定路線価設定申出書」を提出することになります。

●私道の評価方法

所有権がある私道については、私道そのものも、財産として評価することになります。

私道の評価は、その私道を利用するのが特定の者に限られているか、または不特定多数の者が利用することができるのかにより、異なります。私道の評価方法は次のようになっています。

① 特定の者だけが利用する私道は通常の評価額の30％相当額

② 不特定多数の者が利用する私道は0％（評価しない）

①であれば、その私道部分の土地に関しては、通常の土地の評価額から70％の評価減とするということです。一方、②であればゼロ評価、つまりその私道部分の土地の相続税が非課税になるということです。

●マンションの敷地の評価方法

　通常は、マンションの敷地は所有者の共有名義になっています。そういった場合はその敷地全体を１つの土地（一区画）として評価し、その価額にそれぞれの所有者の持分割合を掛けて評価することになります。

　また、そのマンションの敷地内に道路や公園など、公衆化している土地が含まれており、まとめて評価することが適当でないと認められる場合もあります。その場合、道路や公園などの公衆化している部分については、敷地全体の面積から除いて評価することができます。なお、マンションの敷地にも小規模宅地等の特例（121ページ）が適用できます。

■ 私道の評価方法 ･･･

◉ 特定の者だけが利用する私道

私道の評価額＝30万円×0.3×面積

路線価 30万円	A	B	E
	私　道		
	C	D	

◉ 道路に提供されている土地

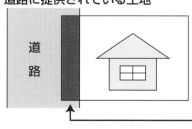

道路

この部分は非課税となる（0評価）

6

家屋や貸家はどのように評価するのか

マイホームの評価額は固定資産税評価額に基づく

家屋の評価額と倍率方式

家屋の価額は、固定資産税評価額に一定の倍率を掛ける倍率方式で算出します。**固定資産税評価額**とは、それぞれの市区町村で固定資産税を算出するもととなった価額です。この価額は、家屋については1棟ごとに定められています。

なお、現在は、固定資産税に掛ける一定の倍率が全国一律で1倍であるため、相続税の評価額は固定資産税評価額と同じ額になります。他人から借りた土地の上に建物が建てられている場合は、借地権として評価され、相続税の対象となります。その土地の更地価格に借地権割合を乗じた金額が借地権の評価額となります。借地権割合は、地域ごとに異なり、路線価図や評価倍率表に表示されています。また、マンションの場合は、土地と建物部分の2つに分けて評価額を算定します。土地に関しては、敷地全体の評価額に持分割合を掛けたものを評価額とします。建物部分に関しては、所有している部屋の固定資産税評価額が評価額となります。

被相続人死亡時に建築中の家屋の評価

建築中である家屋も相続財産になります。しかし、家屋は完成してから固定資産税の評価額が定められますから、建築中のものにはまだ評価がありません。その場合に評価の基準となるのは費用現価です。この費用現価の70％相当額が建築中の家屋の評価額となります。費用現価とは、相続開始時までにかかった建築費用を相続が発生したときの時価に引き直した額です。実際に算定する場合は、建築会社に費用

の明細などを作成してもらい、それを参考にして計算します。

▍貸家は借家権価額が控除される

　貸家の居住者（賃借人）には借家権がありますので、貸家は自分が
居住する家屋とは評価方法が異なります。

①　借家権の評価

　借家権の評価額は、自分が住むための家屋の評価額に国税局で定め
る一定の借家権割合（現在はすべての地域において一律30％）を掛け
て計算します。

②　貸家の評価

　貸家を評価する場合は、自分が住むための家屋の評価額から、①の
借家権の評価額を差し引きます。

③　住宅を兼ねている場合の貸家の評価

　貸家がアパートなどであり、一部を住宅として自分で使用していた
場合には、その住宅として使用していた部分を除いて、貸家の評価を
しなければなりません。この場合、自分が住むための家屋の評価額に
借家権割合と賃貸割合を乗じた価格を、自分が住むための家屋の評価
額から控除した額が評価額となります。

　賃貸割合とは、簡単にいうと、貸家全体の床面積のうち、賃貸をし
ている部分の床面積のことです。アパートのすべての部屋を賃貸して
いる場合は、賃貸割合は１（100％）になります。

■ 貸家の評価額の計算方法 ……………………………………………

$$
\text{貸家の評価額} = \text{固定資産税評価額} \times \left(1 - \text{借家権割合（※）} \times \text{賃貸割合} \right)
$$

※現在はすべての地域で一律30％

7

動産はどのように評価するのか

高価なものは専門家に鑑定を依頼するとよい

動産の種類には何があるのか

　動産とは、自動車、書画骨董、機械・器具、什器・備品、その他の家財道具などをいいます。遺産には動産が含まれますが、遺産分割協議の対象にはならずに形見分けで処理されるケースが多いようです。価値が低いものもありますし、廃棄処分が必要なものはその費用も遺産から出さなければなりません。

① 自動車・船舶

　交換価直が高く、遺産分割協議の対象となります。

② 貴金属、書画骨董・美術品

　価値は鑑定の方法によって差がありますが、遺産分割協議の対象になります。

③ 機械・器具

　価値が高いことが多く、遺産分割協議の対象になります。

④ 身辺の器具

　家具などがあり、遺産分割協議では、動産一式という扱いで処理されるのが一般的です。高級ブランド品や価値がわからない骨董品など特殊なものは除外されます。

⑤ 書類

　資料価値がある書類や法的な重要書類であったり、保管期限や被相続人に保管義務のある書類も存在するので、遺産分割協議の中で処理方法を決めます。廃棄するなど処理の方法については、第三者の権利を侵害しない限りとくに規定はありません。

▌動産の評価は難しい

　動産には交換価値の低いものも多くありますが、一方で貴金属や宝飾品は価値が高く、評価は重要ですから、しっかり鑑定してもらいましょう。

① 金、銀、プラチナ

　基準となる相場が国内外にありますから、容易に評価できます。ただ、宝石などは、市場価格の変動以外にそのもの自体の良し悪しを専門家に判断してもらう必要があります。

② 美術品

　専門業者に引き取ってもらうのが一般的です。売らない場合に遺産分割協議で決まらないときは、鑑定人に鑑定してもらいます。美術品はニセ物も多く流通しているので専門家に見てもらいます。

③ 有名ブランド品やデザイン宝飾品

　デパートの売値の1割から2割が実際の買取値段であったり、業者によって評価にばらつきがあります。ただ、評価するのが一般の人の場合は、さらに価値判断はさまざまですから、個別のケースによることになります。

④ 家電

　相続時の時価で評価しますが、古いものは価値がないのが実情です。

■ 動産の種類 ……………………………………………………………

種　類	分割にあたり必要になる手続
自動車	移転登録
貴金属等	占有の取得
機械・器具等	占有の取得（場合により登録）
一般の器具	占有の取得
書類	占有の取得（株券などは名義書換）

8

株式や公社債はどのように評価するのか

株式の評価方法は上場株式かどうかによって異なる

株式は3種類に分類して評価する

　株式は、上場株式、気配相場等のある株式、取引相場のない株式の3種類に分類され、種類ごとにその評価方法が定められています。

　上場株式は、その株式が上場されている証券取引所が公表する①課税時期の終値（最終価格）、②課税時期を含む月の終値の月平均額、③課税時期の前月の終値の月平均額、④課税時期の前々月の終値の月平均額の4つの価格のうち、最も低い金額によって計算します。課税時期とは、相続税の場合は相続の日（被相続人の死亡日）、贈与税の場合は贈与のあった日のことを指します。

　また、株式が複数の証券取引所に上場されている場合は、原則として納税者がどの取引所の価格を採用するかを決めることができます。

気配相場等のある株式の評価

　気配相場等のある株式とは、日本証券業協会で登録されている登録銘柄や店頭管理銘柄、公開途上にある株式、およびこれらに準ずるものとして国税局長が指定した株式などのことです。これらは上場株式ではありませんが、証券会社などで店頭取引が行われており、上場株式と取引相場のない株式との中間的な存在です。

　このうち登録銘柄と店頭管理銘柄は、①課税時期の取引価格（高値と安値が公表されている場合にはその平均額）、②課税時期を含む月の取引価格の月平均額、③課税時期の前月の取引価格の月平均額、④課税時期の前々月の取引価格の月平均額、の4つの価格の中で、最も低い金額によって算出します。いずれも、証券会社、証券取引所、税

務署に問い合わせれば、その価格がわかります。

　なお、公開途上にある株式は実際の取引価格で評価します。

▌取引相場のない株式の評価

　取引相場のない株式とは、前述のいずれにも該当しない株式や、零細企業などの株のことです。取引相場のない株式は、時価がないために評価方法が少し複雑になります。

　取引相場のない株式の評価方法は、次の4つの方式があります。

①　類似業種比準方式

　同業種の上場株式の平均株価を基準にして、評価する会社と類似業種の1株当たりの配当金額、年利益金額、純資産価額の3つの実績値を用いて評価する方式です。

②　純資産価額方式

　評価会社の資産を相続税評価基準によって評価し、そこから負債を差し引いた純資産額をもとに評価する方式です。

③　①と②との併用方式

④　配当還元方式

　受け取る利益の配当金を一定の利率で還元して株価を評価する方式です。

　取引相場のない株式の場合は、相続などで株式を取得した株主がその株式を発行した会社の経営支配力を有する同族株主等（議決権割合が30％以上）か、それ以外の株主かの違いなどによって、原則的評価方式または特例的な評価方式（配当還元方式）で評価します。

　原則的には、会社の従業員数・総資産価額および売上高により大会社・中会社・小会社の3つに区分（次ページ図）し、大会社は類似業種比準方式、小会社は純資産価額方式、中会社は類似業種比準方式と純資産価額方式との併用により評価します。

また、特例の方法として、配当還元方式で評価する場合があります。配当還元方式で評価を行う場合は、それぞれ次のとおりです。

　まず、同族株主のいる会社では、ⓐ同族株主以外の株主の取得した株式、ⓑ中心的な同族株主以外の同族株主で、その者の取得した株式です。一方、同族株主のいない会社では、ⓒ株主の1人およびその同族関係者の議決権割合の合計が15％未満である場合に、その株主が取

■ 大会社・中会社・小会社の区分 ･･････････････････････････

判定区分 （※1）		小会社	中会社（※2）			大会社 （※3）
			小(0.6)	中(0.75)	大(0.9)	
従業員数		5人以下	5人超 20人以下	20人超 35人以下	35人超	35人超
総資産価額（帳簿価額）	卸売業	7千万円 未満	7千万円以上 2億円未満	2億円以上 4億円未満	4億円以上 20億円未満	20億円 以上
	小売・ サービス業	4千万円 未満	4千万円以上 2.5億円未満	2.5億円以上 5億円未満	5億円以上 15億円未満	15億円 以上
	その他	5千万円 未満	5千万円以上 2.5億円未満	2.5億円以上 5億円未満	5億円以上 15億円未満	15億円 以上
取引金額（売上高）	卸売業	2億円 未満	2億円以上 3.5億円未満	3.5億円以上 7億円未満	7億円以上 30億円未満	30億円 以上
	小売・ サービス業	6千万円 未満	6千万円以上 2.5億円未満	2.5億円以上 5億円未満	5億円以上 20億円未満	20億円 以上
	その他	8千万円 未満	8千万円以上 2億円未満	2億円以上 4億円未満	4億円以上 15億円未満	15億円 以上

※1 大会社・中会社・小会社の区分は、「総資産価額」と「従業員数」とのいずれか下位の区分と、「取引金額」の区分とのいずれかの上位の区分により判定する。

※2 中会社は3つに細分化され、大＞中＞小の順で類似業種比準価額に占めるウエイトが高くなる（「大」が0.9、「中」が0.75、「小」が0.6）。

※3 従業員数が70人以上の場合は、※1の判定は不要で常に大会社となる。

得した株式、ⓓ中心的な株主がおり、議決権割合が15％以上のグループに属し、かつ、その者の議決権割合が5％未満である者の取得した株式です。

なお、たとえば休業中の会社など特定の会社に区分された場合の株式評価は、純資産価額方式で算定します。

公社債の評価方法

公社債とは、一般投資家から資金を調達するために国や地方公共団体、会社が発行する有価証券です。公社債を評価するときは、「割引発行の公社債」「利付公社債」「元利均等償還が行われる公社債」「転換社債」の4つに区分して評価します。

なお、公社債は、銘柄ごとに券面額100円当たりの単位で評価します。

■ 公社債の評価方法 ···

公社債の種類	評価方法
①割引発行の 公社債	ⓐ 上場されている公社債 …課税時期の最終価格 ⓑ 気配値のある公社債 …課税時期の平均値 ⓒ ⓐ、ⓑ以外の公社債 …発行価額と既経過の償還差益の額の合計額
②利付公社債	上記①の割引発行の公社債と同じ評価方法を適用する。 さらに既経過利息の額を加えた金額になる。
③元利均等償還が 行われる公社債	定期金（年金）の評価方法を適用する。
④転換社債	以下の種類ごとに、利付公社債に準じた評価を行う。 ⓐ 金融商品取引所に上場されているもの ⓑ 日本証券業協会で店頭転換社債として登録されたもの ⓒ ⓐ、ⓑ以外のもの

金銭債権の取扱いとその他の財産の評価方法

預貯金、定期金、家財道具などの評価が問題になる

金銭債権・現金・株の取扱い

金銭債権とは、銀行預金や貸金などのことです。

売掛金や貸金、賃料債権などの預貯金以外の金銭債権については、遺産分割の対象とはならないため、各相続人は法定相続分に応じて権利を行使することができます。なお、相続人全員が合意すれば、これらの金銭債権も遺産分割の対象とすることができます。

これに対し、現金は、法律上、債権ではなく動産と解されているため、売掛金債権のように相続開始により当然に相続人がその法定相続分に応じて取得できるわけではなく、遺産分割の対象とされます。ただ、遺産分割が成立しない限り、被相続人の預金が一切引き出せないとすれば、残された遺族に困難を強いる危険性があるため、預貯金については遺産分割前であっても、葬儀費用や当面の生活資金に充てることができるように、一定の手続きを行うことで、預貯金の仮払いを受けることができます。

現金は相続開始時の残額が評価額となり、相続税の対象となります。家の中で現金が貯め込まれた状態のいわゆるタンス預金などの高額の現金が、相続税の申告においてあえて申告されないというケースもよく耳にします。しかし、税務署は被相続人の年収を把握していることから、現金を隠しても申告された相続税額と税務署が把握している故人の所得との間に隔たりがあれば、税務調査により隠ぺいが発覚する可能性があります。現金の隠ぺいが発覚すればペナルティを科せられることになります。

預貯金は区分して評価する

普通預金などの普通預貯金は、相続開始日の残高がそのまま相続税の評価額になります。また、定期預金などの定期性の預貯金は、利率が普通預貯金より高いので、源泉所得税相当額を既経過利息の額から差し引いた額に、残高を加えて評価額を算定します。

債権の評価方法

相続税においては、貸し付けた金銭債権等については、返済される予定である元本の価額と、それに対する利息との合計金額が評価額になります。受取手形の場合は、期日の到来が被相続人の亡くなった日から6か月以内であれば、額面どおりの評価額になります。期日が6か月より先であれば、銀行で割り引いた回収金額が評価額になります。

ただし、たとえば貸し付けた相手先が破産した場合など、一定の理由により債権の回収が不可能または著しく困難であると見込まれる場合には、回収できない部分の金額は、評価額に含めません。

定期金（年金）の評価方法

生命保険会社の個人年金などの定期金給付契約をしていた被保険者

■ 金銭債権の相続 ……………………………………………………

> **金銭債権・現金の取扱い**

遺産分割の対象となるもの	遺産分割の対象とならないもの

遺産分割の対象とならないもの（相続開始により、当然に分割承継されるもの）

・預金債権
預金通帳

・現金

・売掛金債権
・賃料債権　　} 預貯金以外の
・貸金債権　　　 金銭債権

が死亡した場合、その定期金はみなし相続財産になります。

　定期金の種類としては、死亡するまで給付を受けられる終身定期金、給付期間が決まっている有期定期金、給付期間が決まっていない無期定期金などがあります。評価方法は以下のようになります。

① 　すでに年金の給付を受けている場合は、ⓐ解約返戻金相当額、ⓑ定期金に代えて一時金の給付を受けることができる場合には、その一時金に相当する額、ⓒ予定利率等をもとに算出した金額、の評価方法の中で最も多い金額を採用します。

② 　給付をまだ受ける権利が発生していない場合は、原則として解約返戻金相当額となります。

家財道具の評価方法

　家財道具は、調達価額を評価額とします。調達価額とは、相続開始時に、中古品としてそれと同等品を購入した場合の価格です。なお、調達価額がわからない場合は、新品の小売価格から使用年数に応じた定率法（毎年一定割合で償却する方法）を用いて算出します。

特許権・営業権などの評価方法

　特許権は、この権利を持っていることで将来受けることができる補償金の額の一定割合と、特許権の存続期間から評価します。また、「のれん」といわれる事業の継続に必要な信用も営業権として評価の対象になります。営業権は、超過利益金額に営業権の持続年数に応ずる基準年利率による複利年金現価率を乗じて評価します。

10 系譜・墳墓・祭具・遺骸・遺骨や形見の取扱い

実情に応じて話し合いで現実的な対応をする

系譜・墳墓・祭具の承継はどうする

　祖先から受け継いでいた系譜・墳墓・祭具などの遺産は、財産的な意味がほとんどなく、遺産分割の対象になりません。祭具等については、一般に長子（長男または長女のこと）や配偶者が承継する場合が多く、地域ごとの慣習などが考慮されることになっています。こうしたものの承継者は、被相続人が指定することになっていますが、指定は遺言によらなくてもかまいません。指定がないときは、相続人の協議によりますが、慣習が不明などの理由で決まらないときは、家庭裁判所に決めてもらいます。

遺骸・遺骨はどうなるのか

　遺骸・遺骨は被相続人の通常の相続財産ではありません。裁判所の判例では、遺骸・遺骨は社会的に特殊な扱いを受け、埋葬・管理・祭祀・供養のために祭祀主宰者が所有権をもつものとされています。なお、被相続人には祭祀主宰者を指定する権利がありますから、指定がある場合はそれに従います。

「形見分け」の品は相続財産か

　故人の遺品を遺族などで分ける「形見分け」という儀礼的慣習があります。形見も遺産の分割に入りますが、慣習上容認される程度のものであれば、分割の対象外になることもあります。通常は故人が身につけた時計やアクセサリーなどが形見分けの対象で、相続争いの対象にするほどの経済的価値がないものが対象になります。宝石などの高

価なものは、遺産分割の対象となります。

　なお、相続放棄を検討している場合は、経済的な価値のあるものを形見分けとする行為は「相続財産の処分行為」とみなされ、相続放棄が認められない可能性がありますので、注意が必要です。

▍葬式費用の負担割合

　葬式費用は被相続人の死後の費用ですから、遺産ではありませんので、葬儀の主催者が負担します。しかし、相続人間で話し合って、相続人間で負担し合うケースも多くあります。

　あくまで一般論ですが、相続人が負担し合うことにした場合は、まず、香典から費用を出し、足りないときは相続財産から法定相続人の相続割合に応じて負担するということが多いようです。香典は、葬式のために遺族にかかる金銭面での負担を周囲の人々が軽くしてあげようという気持ちで行う贈与です。厳密に言えば、受贈するのは喪主ということになりますので、喪主が独り占めしても法的には文句は言えません。しかし、香典のもともとの意味を考えた場合には、まず葬式費用は香典から出すことが合理的ではないかと考えられます。

■ 祭祀財産承継者の決定方法 ⋯⋯⋯⋯⋯⋯⋯⋯⋯⋯⋯⋯⋯⋯⋯

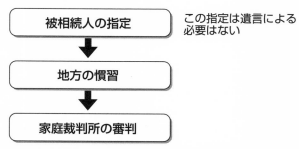

※承継者は第1に被相続人の指定により決まり、被相続人の指定がない場合には第2にその地方の慣習により、慣習も明らかでない場合には第3に家庭裁判所の審判によって定まる。

第５章

相続税・贈与税の知識

相続税と贈与税の関係について知っておこう

どちらが優位かということは簡単にいいきることはできない

どんな税金なのか

　相続税は、所得税を補完するために設けられています。死亡した人の残した財産は、その死亡した人の個人の生前に獲得した所得は、所得税が課税されています。しかし、その財産の中には所得税が課税されていないものも含まれています。そこで、死亡した時点におけるその人の財産について、所得税を補完する形で相続税が課税されるのです。

　相続税は、死亡した人の財産（相続財産）を相続・遺贈によって受け継いだ人に対して課される税金（国税）です。相続税は申告納税方式をとっていますので、遺産を相続した相続人が自分で相続財産の価格と、これにかかる税額を計算し、納税することになっています。

　一方、贈与税は相続税の補完税といわれています。「相続税が課税されるくらいなら相続する前に相続人予定者に財産を分けておこう」とは、誰もが考えることです。しかし、これでは、贈与した人としなかった人の間に不公平が生じます。そこで、贈与が発生したときに課税する税である贈与税を設けて、相続税を補完する税としたわけです。このため、同じ課税価格に対する贈与税の税率は、相続税の税率より高くなっています。

課税率は贈与税のほうが高い

　相続税も贈与税も、課税される財産の価額が大きくなるほど高い税率が適用されます。これを**超過累進課税**といいます。税率は最低10％から最高55％までとなっており、両方とも同じです。しかし、課税対象となる財産の価額が同じでも、途中の税率のきざみは贈与税のほう

が細かく、少ない財産価額でも高い税率が設定され、相続税と贈与税では課税のしくみもまったく異なります。同じ額の財産に対する税額を比較してもあまり意味がなく、贈与税の税率が高いからといって相続税が有利だともいいきれません。

　また、相続税、贈与税共に税額控除が設けられていますが、適用を受けられる要件も両者では違います。こういった面からも相続税と贈与税のどちらが優位かということは簡単にいいきることはできません。

　資産が何十億円もあるという資産家の場合、相続税では高い税率が適用されます。しかし、毎年300 〜 400万円の範囲で複数の相続人に毎年贈与すると、贈与税の税率は10 〜 15％ですから、この場合は、贈与のほうが税額が少なくなる可能性が高いといえます。なお、現在の相続税・贈与税の税率は、次ページの図のとおりです。

■ 贈与税のしくみと相続税との関係 ………………………………

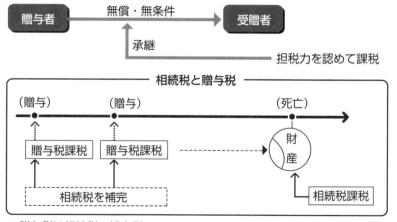

※贈与税は相続税の補完税

■ 相続税の税額表（速算表）・・・・・・・・・・・・・・・・・・・・・・・・・・・・・・・・・・・

基礎控除後の課税価格	税　率	控除額
1,000万円以下	10%	な　し
1,000万円超　3,000万円以下	15%	50万円
3,000万円超　5,000万円以下	20%	200万円
5,000万円超　1億円以下	30%	700万円
1億円超　2億円以下	40%	1,700万円
2億円超　3億円以下	45%	2,700万円
3億円超　6億円以下	50%	4,200万円
6億円超	55%	7,200万円

■ 贈与税の税額表（速算表）・・・・・・・・・・・・・・・・・・・・・・・・・・・・・・・・・・・

●20歳以上で直系尊属からの贈与

基礎控除後の課税価格	税　率	控除額
200万円以下	10%	な　し
200万円超　　　400万円以下	15%	10万円
400万円超　　　600万円以下	20%	30万円
600万円超　　1,000万円以下	30%	90万円
1,000万円超　1,500万円以下	40%	190万円
1,500万円超　3,000万円以下	45%	265万円
3,000万円超　4,500万円以下	50%	415万円
4,500万円超	55%	640万円

●上表以外の場合の贈与

基礎控除後の課税価格	税　率	控除額
200万円以下	10%	な　し
200万円超　　　300万円以下	15%	10万円
300万円超　　　400万円以下	20%	25万円
400万円超　　　600万円以下	30%	65万円
600万円超　　1,000万円以下	40%	125万円
1,000万円超　1,500万円以下	45%	175万円
1,500万円超　3,000万円以下	50%	250万円
3,000万円超	55%	400万円

贈与税のしくみについて知っておこう

本来の贈与ではなくても、みなし贈与財産とされることもある

贈与とは

贈与税は、相続税逃れを防止し、不公平を是正して相続税本来の目的である富の再分配を行うことを目的とした税金です。

贈与とは、自己の財産を無償で相手方に与える意思表示を行い、相手方がこれを受諾することによって成立する契約です。契約自体は口頭でも成立しますが、税務上のトラブルを避けるには、親子間であっても贈与するたびに契約書を作成しておくことが大切です。贈与した以上は、その財産は子どものものになるわけですから、通帳や印鑑、キャッシュカードは子ども自身が管理するようにします。

対象となる財産の範囲は

贈与税の対象となる財産の範囲は、贈与を受ける人（受贈者）の住所が日本か、海外かによって変わります。受贈者の住所が日本である場合、受け取る財産が世界のどこにあろうとも、その財産は贈与税の対象になります。一方、受贈者の住所が海外の場合、日本国内にある財産に対してだけ贈与税がかかるというのが基本です。ただ、受贈者の住所が海外であっても、国外にある財産にも贈与税がかかることがあります。それは、受贈者または贈与者の住所が贈与をする前の10年以内に日本にあった場合などで、国外にある財産を相続した場合に発生する相続税とほぼ同じ要件です（161ページ参照）。

本来の贈与財産とは

本来の贈与財産とは、贈与税が当然に課せられる贈与財産のことで

す。みなし贈与財産に相対する言葉です。経済的価値のあるモノ、つまり、価値がお金に換算できるモノをある人から別の人にあげた場合に、そのあげたモノすべてが本来の贈与財産になります。また、以下の場合にも本来の贈与財産となります。

① 対価の授受はないが、不動産や株式に関して名義変更をした場合
② お金を出した人以外の人の名義で不動産や株式などを取得した場合
③ 相続放棄を除いて共有財産の共有者が持分を放棄した場合
④ 受贈者が経済的な負担をすることを条件に贈与を受ける（負担付贈与）場合で、その負担が第三者の利益となる場合

▌みなし贈与財産にはどんなものがあるのか

　金銭的にその評価額を見積もることのできる現金、預貯金、土地、建物等をもらった場合は、贈与を受けたことが明白です。それに対し、本来の贈与ではなくても、実質的に贈与を受けたことと同じように経済的利益を受け取った場合には、贈与があったと「みなす」のが**みなし贈与**です。**みなし贈与財産**とは、具体的には、①借入金の免除、②返済能力がなかったり、返済する意思が初めからない、親族からの借金、③不動産や有価証券の名義変更による取得、④生命保険の保険料の負担者、被保険者、保険金の受取人がすべて違う場合の保険金の受取人が受け取った保険金などです。これらは、基礎控除を超えた金額が贈与税の課税対象になります。

■ みなし贈与財産のしくみ ……………………………………

生命保険金	保険金の受取人以外の者が保険料を負担していた場合に保険金を取得したときに課税される
低額譲受け	著しく低い価格で財産を譲り受けた場合に課税される
債務免除益等	債務免除や債務の肩代わりをしてもらったときに課税される

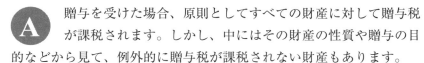

 法人からの贈与や香典、祝物、親子間で土地の貸借をするような場合には贈与税がかからないのでしょうか。贈与税が課税されない財産について教えてください。

　　　　贈与を受けた場合、原則としてすべての財産に対して贈与税が課税されます。しかし、中にはその財産の性質や贈与の目的などから見て、例外的に贈与税が課税されない財産もあります。

　以下の財産については、贈与税がかからないことになっています。

・法人からの贈与

　贈与税は個人間の贈与にかかる税金です。法人から財産の贈与を受けた場合は所得税が課税されます。つまり、この場合には贈与税がかからないだけで、納税自体が免れるわけではありません。

・扶養義務者からの生活費や教育費

　両親や夫婦などの扶養義務者から、日常生活に必要な費用や学費、教材費などとして、必要の都度これらに充てるために取得した財産をいいます。名目が生活費や教育費であっても、株式や不動産の購入資金に充てている場合には贈与税がかかることがあります。

・香典、祝物など

　個人から受け取る香典、花輪代、年末年始の贈答、祝物または見舞などとして受け取った金品で、常識の範囲内と認められるものです。

・相続があった年に被相続人から取得した財産

　相続等により財産を取得した人が、その相続のあった年に被相続人から亡くなる前に贈与として受け取った財産については、贈与税は課税されません。ただし、相続財産として相続税が課税されます。

・離婚に伴う財産分与で取得した財産

　離婚した際に財産分与請求権に基づいて取得した財産については、贈与により取得したことにはなりません。

　なお、以下の贈与についても非課税となります。

・宗教、学術などの公益事業を行う者が事業のために取得した財産
・奨学金の支給を目的とする特定公益信託などから交付される金品で、一定の要件にあてはまるもの
・地方公共団体の条例によって、精神や身体に障害のある人またはその扶養者が心身障害者共済制度に基づいて支給される給付金を受ける権利
・公職選挙法の適用を受ける選挙の候補者が、選挙運動のために取得した金品で、規定に基づいて報告されているもの
・特別障害者扶養信託契約に基づく信託受益権で一定要件を満たすもの

　この他に、夫婦間の居住用不動産の贈与についても一定範囲内で非課税となる「配偶者控除」（175ページ）という特例があります。また、住宅取得資金、教育資金、結婚・子育て資金の贈与については、上記に該当しない場合でも、一定要件を満たすものであれば非課税となる特例制度が別途あります（178 ～ 180ページ）。

親子間で土地の貸借をした場合

　親子間で土地を貸し借りした場合について見ていきましょう。たとえば、親名義の土地に子どもが家を建てて住む場合は、親は子どもに無償で土地を貸しているということになります。このように、無償で土地を貸し借りすることを「使用貸借」といいます。個人間の使用貸借の場合は、「借地権」は発生しませんので、贈与税が課税されることはありません。

　親が亡くなって、子どもが使用貸借していた土地を相続する場合は、借地権が設定されていないため、土地の評価はそのまま自用地（他人の権利の目的となっていない更地）としての評価となります。

　では、親が他人から「借りている」土地に、子どもが家を建てて住む場合はどうなるのでしょうか。これは、親の借地権を子どもが無償で借りているということになります。

親が借地を子どもに転貸した場合、地主、借地人である親、土地を使用する子どもの三者が合意していることが前提ですが、税務署に「借地権の使用貸借に関する確認書」を提出しておくと、贈与税は課税されません。

この場合、親が亡くなった後は、借地権が相続財産となります。借地権の評価方法は、その土地の自用地としての評価額に「借地権割合」を乗じて計算した金額です。

■ 贈与税がかからない贈与 ·······························

贈与税をかけるにふさわしくない	贈与税の対象外
■扶養義務者からの**生活費**や**教育費** ■香典、祝物など ■**離婚に伴う**財産分与で取得した財産 ■宗教・学術などの**公益**事業目的で取得した財産 ■**奨学金支給など**を**目的**とする特定公益信託などから交付される金品で一定の要件を満たすもの ■地方公共団体の条例により、**精神・身体障害者**に支給される給付金 ■公職選挙法の適用を受ける立候補者が**選挙運動のために**取得した金品で規定に基づき報告済みのもの ■**特別障害者扶養信託契約**に基づく信託受益件で一定要件を満たすもの	■法人からの贈与（**所得税の**対象） ■相続があった年に被相続人から取得した財産（**相続税の対象**） **特例などによる免除** ■夫婦間の居住用不動産の贈与（一定範囲内） ■住宅取得資金、教育資金、結婚・子育て資金の贈与で一定要件を満たすもの ■親子間の土地の使用貸借 ■親子間の借地権転貸（条件⇒税務署に「借地権の使用貸借に関する確認書」提出）

相続税額の計算方法を知っておこう

相続税の計算は３段階で行う

相続税と基礎控除額

　遺産総額が基礎控除額を超える場合には、相続税を申告して納税しなければなりません。相続税の**基礎控除額**は、「3,000万円＋法定相続人の数×600万円」です。たとえば、夫・妻・子どもの３人家族で、夫が死亡した場合、妻と子どもの２人が相続人になります。3,000万円＋600万円×相続人２人という計算により、4,200万円が基礎控除額となります。相続税の計算は、①課税価格の計算、②相続税の総額の計算、③各相続人の納付税額の計算、という３つのステップを踏みます。

①　課税価格の計算

　相続税の対象となる各相続財産の評価額に、生命保険金などのみなし財産と、一定の贈与財産を加え、非課税財産と相続債務、葬式費用を差し引きます（163ページ図）。

②　相続税の総額の計算

　①で計算した相続税の課税価格の合計から、基礎控除額を差し引いた額が課税遺産額になります。課税遺産額がゼロであれば、相続税はかかりません。一方、課税遺産額がプラスであれば、この課税遺産額をもとに各法定相続人の遺産相続金額を計算します。このときに、法定相続人は法定相続分どおりに課税遺産額を取得したものとして計算します。つまり、仮に相続放棄等があったとしても、相続税を計算する際には相続放棄等がなかったものとして、この各遺産相続金額に相続税率を掛けて相続税の総額（仮の相続税額）を計算します。

③　各相続人の納付税額の計算

　②で計算した相続税の総額を、実際に相続人が取得した財産額に応

じて按分して、各相続人の納付税額を計算します。このとき、各種税額控除（164ページ）の適用を受ける人はその分を差し引き、また2割加算を受ける人はそれを加算した額が各相続人の納付額となります。**2割加算**とは、相続、遺贈や相続時精算課税による贈与によって財産を取得した人が、被相続人の一親等の血族（代襲相続人となった孫（直系卑属）を含みます）及び配偶者以外の人である場合には、その人の相続税額にその相続税額の2割に相当する金額が加算されるという制度です。

■ **現行税制による基礎控除額** ···

夫・妻・子の3人家族で夫が死亡した場合　遺産総額を1億円とする	
3,000万円＋600万円 ×2（妻と子）＝4,200万円	5,800万円
基礎控除額	課税遺産額

■ **課税対象者（被相続人）の推移** ·································

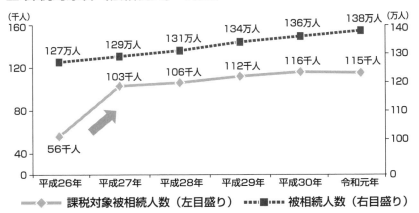

（千人）

						（万人）
160						140
127万人	129万人	131万人	134万人	136万人	138万人	
			106千人	112千人	116千人	115千人
	103千人					
56千人						

- 課税対象被相続人数（左目盛り）
- 被相続人数（右目盛り）

平成26年　平成27年　平成28年　平成29年　平成30年　令和元年

※1 出典　令和2年12月国税庁が公表「令和元年分　相続税の申告事績の概要」
※2 平成27年の課税対象被相続人数の急増は、同年の相続税法改正による基礎控除額引き下げに伴う影響

■ 相続税額の計算方法 ………………………………………………

被相続人A（夫）

| 相続人A（妻） | 相続人B（子） | 相続人C（孫養子） |

課税価格の計算

相続財産	相続財産	相続財産
+	+	+
みなし財産	みなし財産	みなし財産
―	―	―
非課税財産	非課税財産	非課税財産
―	―	+
債務控除・葬式費用	債務控除	相続時精算課税の適用を受けた贈与財産
‖	‖	‖
課税価格	課税価格	課税価格

相続税の総額の計算

課税価格の合計額
―
基礎控除額（3,000万円＋600万円×法定相続人の数）
‖
課税遺産額

×	×	×
Aの法定相続分	Bの法定相続分	Cの法定相続分
×	×	×
法定相続分に応ずる価額（※1）	法定相続分に応ずる価額	法定相続分に応ずる価額
×	×	×
税率	税率	税率
‖	‖	‖
仮税額（※2）	仮税額	仮税額

相続税の総額（仮の相続税額）

納付税額の計算

相続税の総額（仮の相続税額）

×	×	×
按分割合（※3）	按分割合	按分割合
‖	‖	‖
算出相続税額	算出相続税額	算出相続税額
		+
		2割加算
―	―	―
税額控除（6種類）	税額控除（6種類）	税額控除（6種類）
		―
		相続時精算課税の精算
‖	‖	‖
Aの納付税額	Bの納付税額	Cの納付税額

（※1）課税遺産額に法定相続分を乗じたもの（各人ごとに計算する）
（※2）「法定相続分に応ずる価額」に速算表の税率を乗じ、その額から速算控除額を引いた額
（※3）課税価格の合計額に対するその人の課税価格の割合のこと（各人ごとに計算する）

■ 相続税額の計算例①（相続税の総額の計算）‥‥‥‥‥‥‥‥

＜設定＞

被相続人（夫：70歳）

┌── 長男（実子：45歳、5,000万円）

└── 次男（孫養子：22歳、3年以内の生前贈与3,000万円）

妻（8,000万円）

※1）カッコ内の金額が、各人の相続税の課税価格である
※2）次男は長男の子であるが、被相続人の養子（孫養子）となっている
※3）次男は被相続人の生前において、「相続時精算課税制度」を利用して贈与を受けている
※4）次男は※3）の贈与を受けた年において、贈与税100万円（（3,000万円−2,500万円）×20%）を納付している

〔相続税の総額の計算〕

① **課税価格の合計額**

8,000万円（妻）＋5,000万円（長男）＋3,000万円（次男）＝1億6,000万円

② **基礎控除額**

3,000万円＋600万円×3（妻、長男、次男の3人）＝4,800万円

③ **課税遺産額**

1億6,000万円−4,800万円＝1億1,200万円

④ **法定相続分に応ずる取得金額**（※1）

妻‥‥‥‥1億1,200万円× $\frac{1}{2}$ ＝5,600万円

長男‥‥‥1億1,200万円× $\frac{1}{2}$ × $\frac{1}{2}$ ＝2,800万円

次男‥‥‥1億1,200万円× $\frac{1}{2}$ × $\frac{1}{2}$ ＝2,800万円

⑤ **相続税の総額のもととなる仮税額**

　　　　　　　　　　税率　　速算控除額

妻‥‥‥‥5,600万円×30%−700万円＝980万円

長男‥‥‥2,800万円×15%− 50万円＝370万円

次男‥‥‥2,800万円×15%− 50万円＝370万円

⑥ **相続税の総額**（※2）

980万円＋370万円＋370万円＝1,720万円

（※1）それぞれの取得金額に千円未満の端数が生じた場合は、切り捨て処理とする
（※2）相続税の総額に100円未満の端数が生じた場合は、切り捨て処理とする

■ 相続税額の計算例②（納付税額の計算）‥‥‥‥‥‥‥‥‥‥‥‥

〔納付税額の計算〕

① 按分割合（小数点第3位を四捨五入し、割合の計が1になるようにする）

妻　　$\dfrac{8,000万円}{1億6,000万円}$ ＝0.50　‥‥‥‥0.50

長男　$\dfrac{5,000万円}{1億6,000万円}$ ＝0.3125‥‥‥‥0.31

次男　$\dfrac{3,000万円}{1億6,000万円}$ ＝0.1875‥‥‥‥0.19

計　1.00

② 算出税額

妻　　1,720万円×0.50＝860万円

長男　1,720万円×0.31＝533万2,000円

次男　1,720万円×0.19＝326万8,000円

③ 2割加算（妻と長男は該当しない）

次男　326万8,000円×1.2＝392万1,600円

④ 税額控除の検討

妻‥‥‥‥配偶者の税額控除に該当（1億6,000万円までは免除される）

長男‥‥‥該当なし

次男‥‥‥相続時精算課税

392万1,600円－100万円＝292万1,600円

⑤ 納付税額

妻‥‥‥‥0円

長男‥‥‥533万2,000円

次男‥‥‥292万1,600円

4 生命保険金は相続税の対象になるのか

生命保険の非課税枠は相続人1人あたり500万円である

生命保険金も課税対象になる

生命保険金は、とくに指定がなければ保険契約者が保険金受取人になります。被相続人が保険契約者でなくても、保険金受取人に指定されていれば、保険請求権は遺産となり、遺産分割の対象になります。

被相続人が保険金の受取人として特定の人を指定していた場合、その人に保険金請求権があります。相続人を受取人として指定していた場合は、保険金請求権は相続財産ではなく、その相続人が直接権利を得るというのが判例です。

生命保険の保険金を受け取った場合には、保険料負担者、被保険者、及びその保険金の受取人が誰になるかにより、次のように相続税、所得税、贈与税のうちいずれが課税されるのかが異なります。

① **保険料負担者及び被保険者が被相続人本人で、保険金受取人が被相続人以外の場合**

相続税が課税されます。被相続人の死亡により受け取った生命保険金については、本来の相続財産ではありませんが、被相続人が負担した保険料に対応する部分については、「みなし相続財産」として、相続税の課税対象になります。ただし、非課税控除の適用があります。「500万円×法定相続人の数」までの金額については、相続税が非課税となります。

② **保険料負担者及び保険金受取人が被相続人本人で、被保険者が被相続人以外の場合**

所得税が課税されます。一時金として受け取ると一時所得になります。この場合、受け取った保険金から払込保険料総額を差し引き、こ

こから50万円を控除した金額の2分の1が一時所得の金額となります。なお、保険金を年金で受け取る場合は公的年金等以外の雑所得になります。

③　保険料負担者が被相続人本人で、被保険者及び保険金受取人が被相続人以外の場合

　保険金の受取人が保険料負担者から贈与を受けたとして贈与税が課税されます。受け取った保険金額と、その年の他の贈与された資産もあればそれも含めた合計額から、110万円を控除した額が贈与税の対象となります。

■ 保険契約者、被保険者、保険金受取人と税金

保険契約者 （保険料負担者）	被保険者	保険金受取人	課税
夫	夫	妻	相続税
夫	妻	夫	所得税
夫	子ども	妻	贈与税

※ここでは夫が被相続人となる場合を想定している

生命保険と相続税 --- 保険料負担者及び被保険者が被相続人本人で、保険金受取人が被相続人以外の場合、保険金受取人に相続税が課税される

500万円×法定相続人の数＝非課税

生命保険と所得税 --- 保険料負担者及び保険金受取人が被相続人本人で、被保険者が被相続人以外の場合、所得税が課税される

（受取保険金－払込保険料－50万円）× $\frac{1}{2}$ ＝課税される金額

生命保険と贈与税 --- 保険料負担者が被相続人本人で、被保険者及び保険金受取人が被相続人以外の場合、保険金受取人に贈与税が課税される

110万円の基礎控除額がある

弔慰金・死亡退職金は相続税の対象になるのか

過大な弔慰金には相続税が課税される

弔慰金は相続税の対象になるのか

葬儀の際に遺族が受け取った香典は税金の対象にはなりません。また、被相続人の死亡によって受け取る弔慰金や花輪代、葬祭料などについては、通常相続税の対象になることはありません。ただし、被相続人の雇用主などから弔慰金などの名目で受け取った金銭などのうち、実質上、退職手当等に相当すると認められる部分は相続税の対象になります。

具体的には、被相続人の死亡が業務上による場合は、被相続人の死亡当時の普通給与の3年分に相当する額を超える部分は相続税の対象になります。また、被相続人の死亡が業務上の死亡でない場合には、被相続人の死亡当時の普通給与の半年分に相当する額までは弔慰金にあたる金額として相続税は課税されません。しかし、その金額を超える部分は、退職手当等として相続税の対象になります。

死亡退職金には相続税が課される

被相続人の死亡によって遺族が被相続人に支給されるべきであった退職手当金や功労金など（退職手当等）を受け取る場合で、死亡退職で支給される金額または生前に退職していて支給される金額が、被相続人の死亡後3年以内に支給が確定したものは、相続財産とみなされて相続税の対象になります。

なお、被相続人の死亡後3年を経過した後に支給額が確定された退職手当等については、相続税ではなく、受け取った人の一時所得として、受け取った退職金から特別控除（最高50万円）を差し引いた金額

の2分の1に対して、所得税が課税されます。

退職手当等と非課税限度額

　相続人が受け取った退職手当等は、その全額が相続税の対象となるわけではありません。すべての相続人が受け取った退職手当等を合計した額が非課税限度額以下であれば、相続税は課税されません。500万円×法定相続人の数の額までが非課税限度額となります。たとえば、相続人が子ども2人の場合は1,000万円までは非課税となります。相続を放棄した人がいた場合でも法定相続人の数には含まれるので、含んだ人数で非課税限度額を計算します。

　すべての相続人が受け取った退職手当等の合計額が非課税限度額を超える場合には、その非課税限度額を各相続人が受け取った退職手当等の金額の割合で按分した額が、それぞれの相続人の非課税限度額になります。

■ 香典・弔慰金・死亡退職金の取扱い ……………………………

香　典	……………… 非課税

弔慰金　┬ 通常 …… 非課税
　　　　└ 過大 ┬ 業務上の死亡 …… 普通給与の3年分まで非課税　超過分は退職手当等として課税
　　　　　　　 └ 業務上の死亡以外 …… 普通給与の半年分まで非課税　超過分は退職手当等として課税

死亡退職金 ……… 相続財産とみなされて課税
　　　　　　　　（500万円 × 法定相続人の数まで非課税）
　　　　　　 ↑ ── 被相続人の死亡後3年以内に支給が確定したもの

※被相続人の死亡後3年経過した後に支給が確定したものについては、所得税が課税される

6 課税価格の計算方法について知っておこう

非課税となる財産もある

▌相続税の課税対象財産とは

　相続税の対象となる財産には、①相続、遺贈、死因贈与のいずれか
によって取得した「本来の相続財産」と、②相続財産ではないが相続
税法の規定により「みなし財産」とされるもの、の2種類があります。
まず、各相続人が相続した財産の評価額を計算し、課税の対象となる
財産の合計額となる「課税価格」を求めます。

　ところで、国外にある財産を相続した場合についてですが、相続人
の住所が海外であっても、一定の要件を満たせば相続税の対象となり
ます。具体的には、次のいずれかの場合です。

① 　相続人が日本国籍を有し、かつ相続開始前10年以内に国内に住所
　　がある場合

② 　相続人が上記以外の場合には、被相続人が次のⓐⓑいずれかに該
　　当する場合

　ⓐ 　被相続人が国内に住所を有している。ただし、相続開始前15
　　　年以内において国内に住所を有していた期間の合計が10年以下
　　　の者（一時居住被相続人）を除く。

　ⓑ 　被相続人（外国人を除く）が国内に住所を有していないが、相
　　　続開始前10年以内に国内に住所を有している。

　なお、令和3年度税制改正により、国内に短期的に居住する在留資
格を有する者及び国外に居住する外国人等が、相続開始時において国
内に居住する在留資格を有する者から、相続または遺贈により取得す
る国外財産については相続税が課されなくなりました。

非課税財産とは

相続税の計算において、公共性や社会政策的見地などにより非課税財産となるものとして、主に次のようなものがあります。生命保険金及び死亡退職金の非課税枠も非課税財産に含まれます。

・墓地、霊びょう、仏壇、仏具など
・一定の要件に該当する公益事業者が取得した公益事業用財産
・心身障害者扶養共済制度に基づく給付金の受給権
・相続財産を国や特定の公益法人などに寄附した場合の寄附財産

財産を取得した人と債務の引き継ぎ

財産を取得した人が債務を引き継いだ場合は、相続したプラスの財産（預金や有価証券、不動産など）から債務を引いた残りが相続税の課税対象となります。相続の際には、プラスの財産も債務もいっしょに相続しなければならないのが原則で、相続税はあくまで債務を引いた正味の相続財産に対して課税されるのです。

相続財産から引くことができる債務は、相続開始時点で確定していなければなりません。ただ、被相続人が納付すべきだった税金をその死亡によって相続人が納付することになった場合、被相続人が死亡した際に確定していなかったとしても、被相続人の債務としてプラスの相続財産から差し引くことができます。墓地購入の未払金、保証債務、団体信用保険付のローン、遺言執行費用、相続に関係する弁護士や税理士の費用などは債務として差し引くことはできません。

相続財産を寄附した場合の取扱い

相続した財産を自己の保有財産とせずに、特定の団体などに寄附することもあります。このように、自己の手元に財産が残らないようなケースでも原則どおりの方法で相続税額を算定するのでしょうか。

相続により財産を取得した場合、原則として取得後の用途を問わず

相続税が課せられます。ただし、相続した財産を国や地方公共団体または特定の公益を目的とする事業を行う特定の法人など（以下「特定の公益法人等」）に寄附した場合、以下のすべての要件を満たすと寄附をした財産は、特例として相続税の対象外になります。

① 寄附した財産が相続や遺贈によってもらった財産であること

② 相続財産を相続税の申告書の提出期限までに寄附すること

③ 寄附した先が国や地方公共団体または教育や科学の振興などに貢献することが著しいと認められる公益目的の法人であること

　なお、特定の公益法人等への寄附について、特例が適用できない場合もあるので少し注意が必要です。たとえば、寄附をしたお金が2年を経過しても公益を目的とする事業に使われていない場合や、特定の公益法人等に寄附をすることで、寄附をした人やその親族などが特別の利益を受けて相続税または贈与税の負担が結果的に不当に減少した場合などがこれに該当します。一方、寄附をした相手先が一般の企業のようなケースでは、上記③を満たしていないことになるため、寄附した財産は相続税の対象になります。

■ 相続税の課税価格の計算方法 ……………………………………

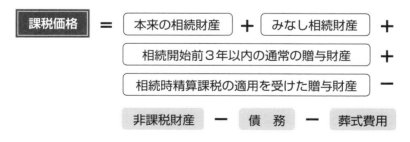

7

相続税の税額控除にはどんなものがあるのか

6種類の税額控除により税負担の軽減を図っている

税額控除とは

　相続税では、相続や遺贈で財産を取得した人の個別的な事情などを考慮して、主に6種類の税額控除等を設けて税負担の軽減を図っています。

　6種類の税額控除とは、①贈与税額控除、②配偶者の税額軽減、③未成年者控除、④障害者控除、⑤相次相続控除、⑥外国税額控除です。また、これらを控除する順番も①～⑥の順で行います。なお、相続時精算課税の適用を受けて納めた贈与税は、これら6種類の税額控除の計算の後で、精算する（相続税額から控除する）ことになります。

①　贈与税額控除

　相続開始前3年以内に贈与があり、相続税の課税価格に加算した人は、その贈与税相当額が控除されます。また、贈与の際に支払った贈与税額はこの控除で相殺することができます。

②　配偶者の税額軽減

　遺産分割が確定し、申告書にその旨を記載していることを要件として、配偶者には特別控除があります。この配偶者の税額軽減を利用できるのは被相続人の戸籍上の配偶者だけです。内縁関係にある配偶者には適用されません。具体的には、取得相続財産のうち法定相続分以下の額か、1億6,000万円までの額のうち、どちらか大きい額に相当する税額までが控除額になります。取得財産がこの範囲内であれば無税です。この場合でも、相続税の申告書は提出する必要があります。

　また、申告期限までに遺産分割協議がまとまらない場合には、申告期限までに所轄の税務署長に遺産分割ができない理由を届け出ます。これが認められた場合に限って、3年間、配偶者の特別控除の適用を

延長することができます。

③　未成年者控除

　法定相続人が未成年者であるときは、未成年者控除が適用されます。控除額は、満20歳になるまでの年数に10万円を乗じた金額です。

　この場合の年数に１年未満の端数があるときは１年に切り上げます。たとえば、相続人の年齢が17歳８か月であれば10万円×３年（残り２年４か月を切り上げ）＝30万円が控除額になります。

　未成年者控除額が、その未成年者本人の相続税額を超える場合は、その控除不足額をその未成年者の扶養義務者の相続税額から差し引きます。なお、法定相続人であることが条件ですが、代襲相続人となった孫やおい、めいなどは控除の対象になります。

④　障害者控除

　法定相続人が障害者であるときは、障害者控除が適用されます。控除額は、満85歳になるまでの年数に10万円（特別障害者は20万円）を乗じた金額です。年数の端数及び控除不足額が生じたときの取扱いは、未成年者控除の場合と同様です。

⑤　相次相続控除

　短期間に相次いで相続が発生すると、相続税が大きな負担になりま

■ 主要な相続税の税額控除 ……………………………………

贈与税額控除	相続開始前３年以内に贈与があり、課税価格に加算した場合は、その贈与税相当額が控除される。
配偶者の税額軽減	法定相続分と１億6,000万円のうち大きい額までは非課税（申告期限の10か月以内に遺産分割が確定している配偶者が対象）。
未成年者控除	満20歳になるまでの年数１年につき10万円を控除。
障害者控除	85歳になるまでの年数１年につき10万円（特別障害者の場合は20万円）を控除。

す。そのような事態を避けるために設けられたのが「相次相続控除」
です。10年以内に２回以上相続があった場合は、最初の相続の相続税
のうち一定の金額を、２回目の相続の相続税から控除できます。

⑥　**外国税額控除**

　相続財産の中に外国の財産があったときは、相続人が日本在住の場
合、日本の相続税がかかり、その相続財産がある国でも相続税が課せ
られることがあります。このように二重に課税される事態を避けるた
めに設けられたのが「外国税額控除」です。外国で相続税に相当する
税金を支払っている場合は、日本の相続税額から一定の金額を控除す
ることができます。

▌納付税額を確定する

　152ページで述べた相続税の総額を実際に相続人が取得した財産に
応じて按分した額に、各人の事情に合わせて「２割加算」と「税額控
除」を行い、算出された額が、それぞれの相続人の最終的な「納付税
額」となります。

■ 相続人と相続税の２割加算 ……………………………………

相続人が
・配偶者
・子
・父母

**各相続人の税額から税額控除を
差し引く**

相続人が
・祖父母
・兄弟姉妹
・おい・めいなど
　（配偶者と１親等
　の血族以外の者）

**各相続人の税額に２割加算した金額から
税額控除を差し引く**

8

相続税の取得費加算について知っておこう

相続や贈与にかかる土地や建物の売却には、一定の配慮がなされる

どんな特例なのか

相続税は現金で一括して納付することになっているので、相続税を支払うために取得した財産を売却しなければならないことも少なくありません。相続や贈与によって取得した財産には取得費がかかっていないため、課税の対象とされる譲渡益も大きなものになります。やむを得ない理由で行われる財産の売却によって生じた利益に対し高額な課税を行うことは合理的ではないため、一定の配慮がなされています。

相続税の取得費加算は、相続や遺贈によって取得した財産を売却した場合に、相続税の一定額分を取得費に加算して売却益を計算する措置です。ただし、この特例は譲渡所得のみの特例ですので、事業所得、雑所得になる株式等の譲渡については、適用できません。取得費加算の適用を受けるためには以下の要件を満たしていることが必要です。

① 相続や遺贈により財産を取得した者であること
② その財産を取得した人に相続税が課税されていること
③ 相続開始の日の翌日から相続税の申告期限の翌日以後3年以内に譲渡した財産であること

どのように計算するのか

取得費に加算できる金額は、財産を売却した人に課せられた相続税のうち、土地や売却した財産に対応する金額です。売却した財産には、相続時精算課税制度（169ページ）によって相続していた財産や、相続開始前3年以内に贈与を受けていたため、相続税の課税対象となった贈与財産などが含まれます。また、債務を引き継いだ場合、その額

が控除されます。

　取得費に加算することが認められる相続税額の計算方法は、以下の
とおりです。

　売却したものが土地でも、土地以外の財産でも、相続税額のうち売
却した財産に対応した部分が取得費に加算が可能となります。

　相続時の本人の相続税額に、売却した財産の価額÷（相続税課税価
額＋債務控除額）の割合を掛けて算出します。ただし、その算出金額
がこの特例を適用しないで計算した譲渡益の金額を超える場合は、そ
の譲渡益の金額が加算の上限額になります。

■ 取得費の特例が適用される場合の計算例 ………………………

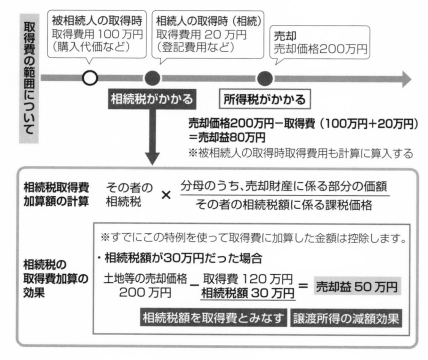

9 相続時精算課税制度とはどんな制度なのか

贈与税と相続税を一体化して捉える制度

相続時精算課税制度とは

　贈与税の課税制度には、「暦年課税制度」と「相続時精算課税制度」があります。**暦年課税制度**とは、１月１日から12月31日までの１年間に贈与を受けた財産の合計額から、基礎控除の110万円を控除した残額に課税する制度です。一方、**相続時精算課税制度**は、生前贈与による資産の移転を円滑にすることを目的として、創設された制度です。この制度は、贈与時に贈与財産に対する贈与税を納め、その贈与者の死亡時に、贈与財産の価額と相続財産の価額の合計額をもとに計算した相続税額から、すでに納めた贈与税相当額を控除するものです。つまり、贈与税と相続税の一体化です。

　一度この制度を選択すると、その後同じ贈与者からの贈与について「暦年課税」を選択できなくなってしまうので注意が必要です。

相続時精算課税を選択するには

　相続時精算課税制度においては、贈与を受ける財産の種類や金額、贈与回数に制限はありません。しかし、この制度は「高齢者が保有している資産を利用することで、経済の活性化を図ること」などの目的で導入されたものです。そのため、相続時精算課税制度を選択する場合には、次の条件を満たす必要があります。

① 　贈与者がその年の１月１日において60歳以上の親、または祖父母である。
② 　受贈者がその年の１月１日において20歳以上であり、かつ、贈与者の推定相続人である子どももしくは孫である。

相続時精算課税の税額計算

　相続時精算課税の適用を受ける贈与財産については、他の贈与者からの贈与財産と区分して、選択した年以後の各年におけるその贈与者からの贈与財産の価額の合計額をもとに贈与税額を求めます。

　贈与税の額は、贈与財産の課税価格の合計額から特別控除額2,500万円を控除した後の金額に、一律20％の税率を掛けて算出します。この非課税枠2,500万円は、たとえば、ある年に2,000万円、翌年に500万円贈与を受けるという形でもかまいません。ただし、相続時精算課税の適用を受ける場合には、基礎控除額110万円は控除できません。

　また、相続時精算課税は、贈与者ごとに制度の利用を選択することが可能です。たとえば、贈与者Aに対して相続時精算課税を選択した受贈者が、贈与者Bから贈与を受けた財産については暦年課税を選択できます。その場合には、贈与者Bから一年間にもらった贈与財産の価額の合計額から基礎控除額110万円を控除し、贈与税の速算表（146ページ）に定める税率を乗じて贈与税額を計算します。

　相続時精算課税を選択しようとする受贈者は、対象となる最初の贈与を受けた年の翌年2月1日から3月15日までの間（贈与税の申告期限）に税務署長に対して「相続時精算課税選択届出書」を提出しなければなりません。また、相続時精算課税は、直系尊属から住宅取得等資金の贈与を受けた場合の非課税制度と併用することができます。

　直系尊属から住宅取得等資金の贈与を受けた場合の非課税制度とは、令和3年12月31日までの間に父母や祖父母など直系尊属から住宅購入資金の提供を受けた場合に、非課税限度額まで贈与税を非課税とする制度です。たとえば、住宅取得資金の贈与額のうち、非課税金額（住宅購入に関する契約日や省エネ対応の有無などにより異なる）と2,500万円の相続時精算課税の特別控除の合計額を超えた額に対して、贈与税が課せられることになります。

　なお、相続時精算課税を利用して納付した贈与税額は、相続税の計

算の際に控除します。控除の結果、相続時精算課税による贈与税が全額控除しきれずに相続税額がマイナスになる場合には、その控除不足額は還付を受けることになります。

制度選択時の注意点

相続時精算課税制度を利用する場合の注意点としては、まず、遺留分を考慮するという点があります。

民法では、相続開始前1年以内の贈与財産は、遺留分侵害額請求の対象となります。したがって、相続時精算課税制度により生前贈与を行う場合には、遺留分を考慮した上で行う必要があります。これは、相続税がかからない場合でも同様です。

また、相続時精算課税制度については、相続開始後、他の共同相続人等に、税務署に対する生前贈与財産の申告内容（贈与税の課税価格合計額）の開示請求が認められています。つまり、被相続人と特定相続人の間での贈与について、他の共同相続人に知られてしまう可能性があるため、他の共同相続人が遺留分侵害額請求を提訴することも考えられます。仮に遺留分侵害にまで至らなくても、遺産分割協議が難航する可能性は十分あります。

さらに、贈与を受けた人が贈与者よりも先に死亡したときは、死亡

■ 暦年課税制度と相続時精算課税制度は選択制 ·····················

○ 暦年課税制度 ➡ 相続時精算課税制度

✕ 相続時精算課税制度 ➡ 暦年課税制度

※相続時精算課税制度の2,500万円の非課税枠を一度利用してしまうと、同じ人（親あるいは祖父母）からの贈与については暦年課税制度の年間110万円の非課税枠は利用できなくなるため、注意すること

した人の相続人が相続時精算課税制度について納税の義務を負うという点にも気をつけなければなりません。たとえば、父親から子どもへ相続時精算課税制度を活用した贈与が行われた後、父親よりも子どもが先に死んでしまった場合、子どもの財産は、その配偶者（つまり、子どもの夫または妻）と子（贈与者の孫）に相続されます。

　一方、その後に父親が死亡した際には、子どもの配偶者は父親の法定相続人ではありませんから、遺言がない限り、父親の財産を相続することはありません。ただ、この場合、配偶者は何も財産を相続しなくても、すでに死亡した自分の配偶者から相続した財産分の相続時精算課税についての納税義務をそのまま承継し、税金を支払わなければなりません。

小規模宅地等の特例との併用の可否

　事業用地や居住用の宅地は、相続開始時において200〜400㎡の部分について、その宅地の課税価格の5割または8割の評価減ができる小規模宅地等の特例があります。この特例はその宅地を相続または遺贈により取得した者が適用を受けることができる制度ですから、生前贈与財産については適用できません。将来、相続税の申告において、小規模宅地等の特例を適用したい財産については、相続時精算課税制度の適用は避けるべきです。

■ **相続時精算課税制度** ……………………………………………

※ 令和3年12月31日までに住宅用の家屋を取得する契約を締結した場合、要件に応じて一定の非課税枠がある。

10

贈与税を計算してみよう

相続税に比べて非常にシンプルである

贈与税の計算手順とは

贈与税の計算は、以下の2つの手順を踏みます。

① **課税価格の計算**

まず、毎年1月1日から12月31日までの間に贈与された財産の課税価格を計算します。

複数の人から贈与された場合には、その全員からの贈与の合計額が課税価格になります。贈与された財産が土地や有価証券などの財産である場合は、相続税と同様に評価します。そこから110万円の基礎控除額を差し引くことができます。

2人以上から贈与を受けたときは、贈与者それぞれから110万円を差し引くのではなく、贈与を受けた1人につき1年間で110万円の基礎控除額を差し引くことになります。

したがって、年間に贈与された額が110万円以下であれば贈与税は課税されません。

ただし、課税価格を計算する上で注意しなければならないことが1点あります。それは「負担付贈与」と「個人間の対価を伴う贈与」によって取得した株式および不動産は、贈与時の時価で評価するということです。

負担付贈与とは、財産と借入金をいっしょに贈与する場合を指します。たとえば、株式購入の資金としてお金を借りたが、その株式と借入金をいっしょに贈与するような場合です。また、個人間の対価を伴う贈与とは、財産を贈与する代わりに贈与を受ける人に経済的な対価を要求する場合です。たとえば、不動産を贈与する条件として、贈与

を受けた人が他の人にいくらかのお金を支払うといったケースがあります。具体的には、父親が兄弟の兄のほうに土地を贈与する代わりに兄から弟にお金を渡すといったケースです。

② 贈与税額の計算

　課税価格から基礎控除を除いた金額を計算した後に、贈与税額の計算を行います。暦年課税は、課税価格から基礎控除額110万円を差し引いた残額に税率を掛けて贈与税額を算出します。贈与税の計算は以上で完了です。相続税を算出する場合は、課税価格の合計の計算、相続税の総額の計算、それぞれの相続人の納付税額の計算と３つのプロセスを踏まなければなりませんが、贈与税の場合は、極めてわかりやすいシンプルな方法で算出できます。

　なお、贈与税の計算には、配偶者控除の特例、相続時精算課税制度といった特例があるため、税額の計算の際、これらの特例を使用して算定を行うこともあります。

■ 贈与税の計算方法 ……………………………………

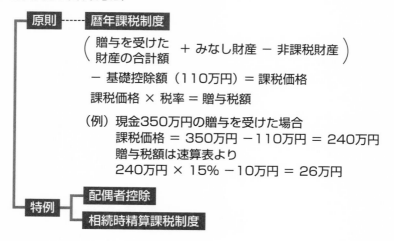

11

配偶者控除の特例とはどんな制度なのか

居住用財産またはその資金2,000万円まで控除できる

配偶者控除とは

　贈与税の税額を算出する際には、基礎控除額110万円の他に、配偶者からの居住用不動産の贈与またはその取得資金の贈与を受けた場合には、その贈与を受けた居住用不動産等の課税価格から**配偶者控除**として2,000万円までの金額を差し引くことができます。したがって、配偶者控除を受ける年は、基礎控除額と合計した2,110万円まで無税ということになります。

　このような配偶者控除が定められているのは、夫婦の財産は、通常は夫婦の協力によって形成されたものであるため、夫婦間においては一般に贈与という認識が薄く、配偶者の老後の生活保障のために贈与される場合が多いことなどを考慮し、夫婦間の贈与についてはとくに贈与税が軽減されています。

　また、相続開始前３年以内に贈与された財産は、相続財産の課税価格に加算されるという規定がありますが、配偶者控除を受けた場合の控除額に相当する部分は、加算する必要はありません。つまり、相続税が課税されないこととなっています。ただし、夫婦といっても、内縁関係であるだけでは適用を受けることができません。また、不動産取得税や登録免許税は課税されますので注意してください。

居住用不動産の範囲とは

　配偶者控除の対象となる居住用不動産は、贈与を受けた夫や妻が住むための国内の家屋またはその家屋の敷地であることが条件です。居住用家屋の敷地には借地権も含まれます。

なお、居住用家屋とその敷地は一括して贈与を受ける必要はありません。居住用家屋だけや居住用家屋の敷地だけの贈与を受けることができます。この居住用家屋の敷地だけの贈与を受けるときは、その家屋の所有者が次の①または②のいずれかの条件にあてはまることが必要です。

① 夫または妻が居住用家屋を所有していること

② 贈与を受けた配偶者と同居する親族が居住用家屋を所有していること

　また、店舗兼住宅である不動産の場合であっても、居住用の面積が90％以上であれば、全部が居住用不動産として特例が受けられます。90％を下回る場合には、面積比で、居住用部分相当に対して、この特例を受けることができます。店舗兼住宅の敷地のみを取得した場合でも、一定の要件を満たした場合には、居住用部分の敷地に対して、この特例を受けることができます。

特例を受けるための条件

　この特例の適用を受けるためには、次の条件をすべて満たさなければなりません。

① その夫婦の婚姻期間（入籍日から居住用不動産または金銭の贈与があった日まで）が20年以上であること

② 居住用不動産または居住用不動産を取得するための金銭の贈与であること

③ 贈与を受けた配偶者が、翌年3月15日までにその居住用不動産に居住し、その後も住み続ける予定であること

④ 同じ配偶者から過去にこの特例を受けていないこと

⑤ 贈与税の確定申告をすること

　④の要件は、同じ配偶者の間では一生に一度しか適用を受けることができません。また、⑤の要件の申告書には、以下の書類を添付する

必要があります。

ⓐ 戸籍謄本または抄本

ⓑ 戸籍の附票の写し

ⓒ 所有権の移転登記後の居住用不動産の登記事項証明書

ⓓ 金銭ではなく居住用不動産の贈与を受けた場合は、その居住用不
動産を評価するための書類（固定資産評価証明書など）

　なお、居住用不動産の贈与と居住用不動産を取得するための金銭の
贈与のどちらが有利かと言えば、居住用不動産の贈与のほうが有利で
す。贈与する不動産の価格は相続税評価額となりますので、土地の場
合は路線価（実勢価格の８割程度）、建物の場合は固定資産税評価額
（建築費の５〜７割）に対しての贈与税の課税ですむからです。

■ 配偶者控除の特例 ･･･

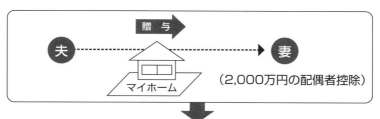

	＜適用条件＞
1	婚姻期間が20年以上の配偶者（内縁関係は除く）であること
2	贈与された財産が居住用不動産または居住用不動産を購入するための金銭であること
3	贈与を受けた年の翌年３月15日現在、実際に居住しその後も引き続いて居住する見込みであること
4	過去に同じ配偶者からの贈与について配偶者控除を受けたことがないこと
5	必ず申告をすること（一定の書類の添付が必要）

12

住宅取得・教育・結婚・子育て資金の贈与の特例について知っておこう

住宅取得等資金の贈与を受けた場合の非課税制度

　平成27年1月1日から令和3年12月31日までの間に、自己の直系尊属から住宅取得等資金の贈与を受け、贈与を受けた人が新築等の住宅用家屋を取得した場合に適用を受けることができます。

　非課税を受けられる金額は、令和3年4月1日以降に新築等に関する契約を行った場合には、省エネ等の住宅用家屋の種類などにより、300万円〜1,200万円です。

教育資金の一括贈与に関する非課税制度

　両親や祖父母などの直系尊属が、平成25年4月1日から令和5年3月31日までの間に、30歳未満の子や孫の将来の教育資金のために金融機関に信託等をしたものであれば、その金銭の受贈者（平成31年4月1日以降の贈与では、贈与があった年の前年の受贈者の合計所得金額が1,000万円を超える者を除く）は、一定の手続きを行うことで最高1,500万円まで非課税となります。

　教育資金とは、学校等に対して支払われるもの（入学金、授業料、入学試験の受験料、学用品の購入費、修学旅行費、学校給食費など）や、学校等以外に対して支払われるもの（学習塾やそろばん等の教育費、その他スポーツまたはピアノ・絵画等の文化活動に関する指導料など）をいいます。ただし、令和元年7月1日以降の贈与で、23歳以上の者に対する学校等以外に支払われるものに関しては、それが教育訓練給付金の支給対象になっていない場合には非課税扱いにはなりません。教育訓練給付金とは、個人の能力開発やキャリア形成を支援し、

雇用の安定と就職の促進を図ることを目的として、厚生労働大臣が指定する教育訓練を修了した際に、受講費用の一部が支給される給付金です。

　非課税の対象となるためには、金銭の贈与を受ける人は、金融機関を経由して「教育資金非課税申告書」を所轄の税務署長に提出し、またその金銭が教育資金のために支払われたことを証明する書類（領収書等）を金融機関に提出する必要があります。

　もし、受贈者が30歳に達した際に信託等の対象となった教育資金が残った場合には、その残金は贈与があったこととされるため、その翌年に贈与税の支払いが発生する場合があります。ただし、令和元年7月1日以降に30歳に達していても、学校等に在学中または教育訓練給付金の支給対象となる教育訓練の受講中は、その残金に対する贈与税は非課税となります。

　さらに、令和3年度税制改正により、令和3年4月1日以降の贈与で、23歳以上の者に対する学校等以外に支払われるもので、教育訓練給付金の支給対象とならない受講費用に関して、受贈者が30歳になる前に贈与者が死亡し、かつ受贈者がその贈与者からその死亡前3年以

■ 教育資金の一括贈与の贈与税非課税措置のしくみ ‥‥‥‥‥

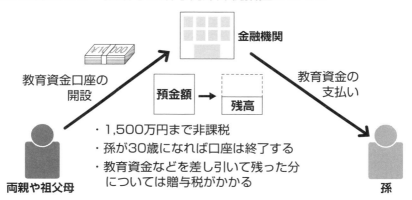

内にこの非課税制度の適用を受けたことがある場合は、死亡日現在の信託残高について受贈者が相続等により取得したものとみなされます。つまり、その残金が相続税の課税価格の計算上加えられることになります。

結婚・子育て資金の一括贈与に関する非課税制度

　20歳以上50歳未満の者が、その直系尊属より、平成27年4月1日から令和5年3月31日までの間に、結婚・子育ての支払いに充てるための資金の贈与を受けた場合、1,000万円（結婚資金は300万円）までは非課税となります。

　この制度も、金融機関を利用して信託等を行い、非課税申告書を税務署へ提出するなどの一定の手続きが必要です。また、平成31年4月1日以降の贈与においては、贈与があった年の前年の受贈者の合計所得金額が1,000万円を超える場合には、この非課税措置の適用はできません。

■ 結婚・子育て資金の一括贈与に関する贈与税の非課税措置制度 …

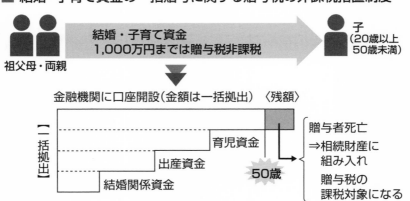

13

相続税対策について知っておこう

事前の計画的な相続税対策が非常に重要である

相続税対策はどうする

　重要なことは、事前に計画的な対策をとることです。基本的な相続税対策としては、以下の方法が挙げられます。

① **課税財産（プラスの財産）を少なくする**

　これを実現するためには、生前贈与を活用することと、評価の低い財産に換えることが考えられます。生前贈与とは、被相続人が生きているうちに相続人になると予定される者に財産を移すことです。生前贈与には相続税の減税対策としての効果があります。節税のポイントは、年間1人あたり110万円の贈与税の基礎控除の積極活用です。

　ただし、毎年決まった時期に基礎控除以下の同じ金額を贈与し続けた場合、最初から毎年の贈与金額の合計額を一括して贈与するつもりだと税務署からみなされてしまう恐れがあります。そう判断されると、多額の贈与税が課されてしまいます。

　また、贈与を行った場合、税務上、実質的に贈与があったかが問題とされることが多くあります。そこで、贈与の事実を明らかにするために贈与契約書を作成するのです。

　評価の低い財産に換えるとは、たとえば、現金で1億円もっているより、生前に土地を買っておく方法です。土地に換えることによって、評価額が下がるため相続税が安くなります。同じ土地でも、更地でもっているよりアパートを建てたほうが、さらに評価額は下がり、相続税は安くなります。

② **マイナスの財産（借入金）を増やす**

　これはアパートを建てる際に借金などをしてマイナスの財産を増や

すといった方法です。借金は遺産から差し引かれるからです。借金をしても、そのお金を現金で持っているのであれば財産の減少になりませんので、評価額を下げる資産にそれを換えることにより、さらなる節税効果を発揮することができます。

③　法定相続人を増やす

相続税の基礎控除額は法定相続人が1人増えるごとに600万円増えます。

法定相続人が多くなるほど基礎控除額が増え、課税される遺産額はその分少なくなります。法定相続人を増やす方法としては、被相続人の生前に行われる養子縁組などがあります。

④　税額控除や特例を活用する

これは配偶者の税額軽減や小規模宅地等の評価の特例を有効に使うということです。

現金の相続と不動産の相続

同じ10億円でも不動産で相続したほうが現金で贈与するよりも相続税対策になるのは、法律で定められた相続税の算定方法で不動産の価値をお金に換算した場合、時価（この場合は10億円）よりも低くなるからです。

建物の場合は、固定資産税評価額が課税基準、つまり相続税の課税対象となる値段になります。これは、建築額のおおよそ60％です。つまり、10億円の建物は10億円×0.6＝6億円の評価となり、6億円分の相続税しかかかりません。一方、土地の場合は、路線価や固定資産税評価額をもとに課税基準を算出します。そして、その評価額は実勢価格の70〜80％程度となります。つまり、10億円の実勢価格の土地は7〜8億円程度と評価され、その分の相続税しかかかりません。

現金で10億円を相続すれば、そのまま10億円分の相続税がかかってしまうわけですから、当然ながら不動産で相続したほうが、節税にな

るといえるでしょう。ただし、不動産を取得する際には税金や登記費用など、さまざまなコストがかかりますので、これらを考慮した上での比較が必要です。

不動産の贈与相続税対策

アパートなどの収益物件を持っている場合、早めに贈与することによって、以下のメリットを享受できます。

① 相続税の節税対策

相続時精算課税制度を使って物件を贈与することで、まず、2,500万円は一時的に無税で贈与できます。贈与される物件は、課税評価額の算定の際に建築価格よりも大幅に低い評価額となりますから、実質的には新築の場合で6,000万円程度の物件までは贈与税を一時的に免れることができます。物件がそれ以上の評価額になっても、相続時精算非課税制度によって贈与税は一律20％の税率になりますので、メリットがあるといえます。

② 親の所得税対策に役立つ

親がアパートを持っていれば、その賃貸収入は親の収入になります。親が別に仕事を持っていれば、仕事の収入と賃貸収入を合算した収入が親の所得税の課税対象になります。所得税は、累進課税で所得が多ければ多いほど税率が高くなります。たとえば、所得が4,000万円超の場合には、最高税率である45％まで上がります。

しかし、子どもにアパートを贈与すれば、賃貸収入は子どもの収入です。子どもの仕事の収入が親よりも少ない場合は、その収入と賃貸収入を合算しても親よりも収入が少ないわけですから、所得税率も低く抑えることができる可能性が高くなります。

孫への生前贈与と相続税対策

孫への贈与は相続税の支払回数を削減できるというメリットがあり

ます。親から子、子から孫へと相続する場合、親から子の段階と子から孫への２段階を経るため、相続税を２回支払わなければならないことになります。一方、孫に財産を贈与した場合、孫に贈与税がかかる可能性がありますが、相続税はかかりません。相続税という面からは、一度も相続税を納めることなく親から孫へ財産が渡ることになります。財産の一部を孫に贈与した場合でも、贈与財産分だけ、子どもの相続財産が少なくなり、その分、子どもが支払う相続税を少なくすることができます。

　また、相続開始前の３年以内の贈与は相続税の課税対象になるというルールがありますが、このルールが適用されるのは、あくまで、相続人に贈与した場合ですので、相続人ではない孫への贈与には適用されません。したがって、親が不治の病に倒れるなどの理由で、相続開始前の３年以内の贈与を行った場合でも、孫への贈与であれば、相続税の課税対象に含まれなくなります。孫へ贈与した財産分だけ親から子への相続財産が減りますので、それに伴って子が支払う相続税も少なくてすむことになります。

　ただし、このような親から孫への贈与を使う場合は、年間110万円の基礎控除を上手に使えるように計算することが必要です。

■ 孫への贈与と相続税対策 ……………………………………………

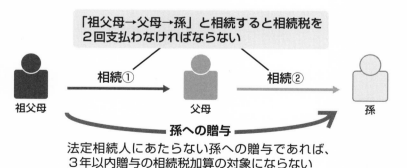

「祖父母→父母→孫」と相続すると相続税を
２回支払わなければならない

相続①　　相続②

祖父母　　父母　　孫

孫への贈与

法定相続人にあたらない孫への贈与であれば、
３年以内贈与の相続税加算の対象にならない

第6章

事業承継の知識

事業承継で会社の株式を引き継ぐ

事業承継で自社株式を引き継ぐ意味

事業承継とは、会社の今までのオーナーから次の世代の新オーナーに経営を引き継ぐことです。具体的には、創業者の保有する株式をその子どもに引き継ぐ場合などが挙げられます。

この際、気をつけなければならないことは、単に親から子へ自社株式が相続されるだけではないということです。事業継承とは、会社を引き継ぐことだからです。

会社は「ヒト」「モノ」「カネ」で成り立っています。事業承継を考える上では、「ヒト」は次の世代の新オーナー、「モノ」は株式、「カネ」は税金となります。この3つの要素をスムーズに引き継ぎ、あるいは処理し、会社が今までどおりに機能していくようにすることが大切です。

相続財産が自社株式だと何が問題なのか

相続財産が自社株式の場合には、他の株式や財産を相続するときと違った問題が起こります。典型的なケースは、①複数の法定相続人がいる場合、②相続税を納めるためのお金が必要になる場合の2つです。いずれも、単なる相続という側面だけでなく、事業承継という会社経営にも影響を及ぼすことから起こる問題です。

① 複数の法定相続人がいる場合

株式は会社の所有権そのものです。株式を所有する割合で会社の所有権の割合も変わります。ですから、事業を承継する場合、新オーナーが株式を集中して持つ必要があります。株式が分散しては、会社の迅速な意思決定に支障をきたし安定経営ができなくなるからです。

しかし、法定相続人が複数いる場合、新オーナー以外の相続人にも当然、財産を相続する権利があります。新オーナー以外の相続人の権利を無視することは明らかに違法です。自社株式は分散させたくない一方で新オーナー以外の相続人に相続させる財産がない、という場合に問題が起こります。

② **相続税を納めるためにお金が必要になる場合**

　相続財産が自社株式の場合でも、当然、相続税が課されます。その際相続財産が自社株式以外にほとんどない場合、相続税を払うために、相続した株式を売却してお金を作らなければならなくなるケースも起こり得ます。

　しかし、事業承継という本当の目的のためには新オーナーが株式を保有し続ける必要があり、売却してしまっては本末転倒です。こういった場合に、相続税を納めるためのお金をどうやって調達すればよいのかという問題が起こります。

どんなことが問題になるのか

　事業承継という側面から見ますと、典型的なケースばかりでなく、

■ 相続財産が自社株の場合の問題点 ………………………………

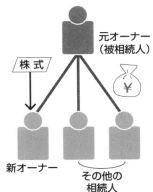

元オーナー
（被相続人）

株式

・新オーナーに株式を
　集中させる必要がある
・他の相続人との調整
　が必要

・株式を売却せずにす
　むように、相続税の
　支払費用を調達しな
　いといけない

新オーナー

その他の
相続人

「ヒト（次世代の新オーナー）」「モノ（株式）」「カネ（相続税）」のそれぞれで問題が起こり得ます。

・ヒトについて

誰を次世代の新オーナーにするか、という問題があります。

先の典型的なケースはいずれの場合も、新オーナーが旧オーナーの親族（子ども）で、相続によって事業承継することによって起こる問題でした。しかし、たとえば新オーナーを子ども以外の他人に任せ、株式の売買によって事業承継を行えば、典型的なケースのような問題は起こりません。新オーナーが株式を受け取る対価として、旧オーナー側には現金が入るからです。現金は分けることができますから、相続の際の財産の分割問題は起こりません。相続税の納付に必要なお金の工面に悩む必要もありません。

・モノについて

新オーナーにいかに円滑に株式を譲り渡すか、ということが大きな問題になります。譲り渡す方法には「相続」の他「生前贈与」「売買」などさまざまな方法がありますが、法的手続きも権利義務関係も違います。ですから、それぞれの利点・欠点を比較し、最もスムーズに譲渡できる方法を選択する必要があります。

なお、オーナーから子どもへの事業承継を税制の面から促進する「事業承継税制」の利用も検討すべきでしょう。

・カネについて

上記の2つの典型的なケースがそのまま、お金の形になって問題になります。具体的には、相続税対策と他の法定相続人への遺産相続です。

相続税対策には、自社内で手を打つことで軽減する方法と、法律で負担軽減制度を活用する方法の2通りあります。

自社内で手を打つ軽減対策には、①相続した株式を自社に売却する方法、②オーナーの死亡退職金を自社から支給させる方法、③会社が金融機関からお金を借り、そのお金をさらにオーナーの一族に貸し付

ける方法、④会社の資産を売却する方法などが考えられます。しかし、いずれも会社のお金をオーナー一族の相続税の工面に使うという点で、会社にとっても従業員やその他の利害関係者にとっても決して推奨できる対策とはいえません。

また、少し苦労を必要としますが、相続する自社株の評価額を下げることによって相続税を抑えるという方法もあります。評価額を下げる方法には、株価を下げる方法と、株式数を減らす方法の2通りあります。相続する株式の評価額は「1株の株価×相続する株式の数」で算出するからです。株価を下げる方法としては、①配当金の減額、②不良資産の処分による含み損失の計上、③会社分割・合併などによる組織再編などが考えられます。また、株式数を減らす方法としては、①新オーナー以外への株式譲渡・売却、②従業員持ち株会など、会社関係者への売却、③自社への売却、④関連会社や得意先への売却などがあります。

一方、法律で決められた負担軽減制度を活用する方法においては、相続時精算課税制度、贈与税の納税猶予制度などの利用が考えられます。これらは、適用を受けるためにさまざまな要件を満たす必要がありますが、積極的に活用すべきです。

■ 事業承継で問題になること

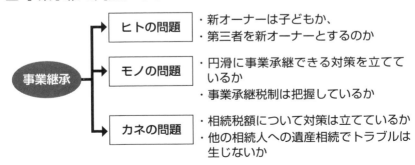

事業継承

ヒトの問題
・新オーナーは子どもか、
・第三者を新オーナーとするのか

モノの問題
・円滑に事業承継できる対策を立てているか
・事業承継税制は把握しているか

カネの問題
・相続税額について対策は立てているか
・他の相続人への遺産相続でトラブルは生じないか

2 生前贈与の活用と贈与による事業承継

生前贈与には相続税対策としての効果がある

生前贈与には相続税の節税効果がある

　中小企業経営者が会社の自社株の大半を所有している場合、事業承継の際には、後継者に対する自社株の贈与や相続が発生し、贈与税や相続税の対象となります。

　贈与税は、個人から財産を譲り受けた人が負担する税金で、通常は1月1日から12月31日までの1年間に贈与を受けた財産の合計額から、基礎控除の110万円を差し引いた残りを課税価格として課税する国税です。贈与税は、原則として暦年単位で課税されます。この課税方法を暦年課税制度といいます。

　生前贈与とは、自分の生きているうち（生前）に、配偶者や子どもなどに財産を贈与することです。

　生前贈与には相続税対策としての効果があります。相続税の節税のポイントは、贈与税の負担をいかに最小限に抑え、財産を移転するかにかかっています。その基本となるのは、年間1人あたり110万円の贈与税の基礎控除の積極活用です。毎年110万円の贈与をしたとしても金額が少なすぎて効果がないように思えますが、仮に、配偶者と子ども2人の3人に対して、110万円ずつ10年間にわたって贈与したとすれば、無税で3,300万円までの贈与が可能となります。

　ただし、このような連続した贈与（「連年贈与」といいます）は「定期贈与」とみなされる可能性がありますので注意が必要です。毎年110万円ずつ親族のひとりに贈与した場合、税務当局は「向こう10年間にわたり合計1,100万円を贈与するという権利を最初の年に贈与した」とみなし、その評価額を課税対象とし、高額の贈与税を課税す

る場合があります。

　税務当局から定期贈与と疑われないためには、贈与人及び譲受人において、定期に支払いを行うものではないことを双方で認識を明確にした上で、贈与するごとに贈与契約を結ぶなどの対応をしていく必要があります。

▌生前贈与加算に注意

　相続により財産をもらった人が、被相続人からその相続開始前３年以内に贈与を受けた財産がある場合には、贈与を受けた財産の贈与時の価額を受贈者の相続税の課税価格に加算しなければなりません。これを**生前贈与の加算**といいます。その際、その加算された財産に課されていた贈与税の額は、加算された人の相続税の計算上控除されることとなりますので、二重課税にはなりません。

　この制度は、相続が近くなってから生前贈与を行うような、過度な節税を防止するためのものです。対象になれば生前贈与による節税効果はなくなりますので、生前贈与を行う場合には早い時期から計画的に進めることが重要です。また、孫への生前贈与など、条件によっては加算の対象にならない相手もいますので、そういった点を利用した対策も考えられます。

■ 暦年課税制度 ･･

$$贈与税 = \left(\begin{array}{c} 1月1日から12月31日 \\ までの１年間に贈与を \\ 受けた財産の合計額 \end{array} - \begin{array}{c} 基礎控除額 \\ （110万円） \end{array} \right) \times 贈与税率$$

生前贈与の加算

相続開始前3年以内に贈与を受けた財産を、贈与を受けた人の相続税の課税価格に加算すること

生前贈与により相続財産を減少させる

　事業承継にあたって自社株を移動する場合、最もポピュラーな手法は贈与による移動です。いつ起こるかわからない相続と違って、旧オーナーが自分の意志で、タイミングを見計らって承継を行うことができます。また、相続財産を減少させておくことで相続税を抑える効果があります。

　ただし、贈与税には年度ごとに110万円の非課税枠があるため、この範囲内で行おうとすると自社株の移動に時間を要する点には注意が必要です。

　もちろん、贈与税を払ってでも贈与するメリットがある場合は基礎控除を超えて贈与してもかまいません。事業承継という面で考えると、仮に相続税のほうが安いとしても、相続後にトラブルが生じることのほうが心配です。このようなときは、贈与税が少しばかり高くついても、生前に問題を解決してしまうほうがよいこともあるでしょう。

株式の評価額上昇による相続税の増加を抑えられる

　自社株式の評価額が上昇する要因として、利益の増加、配当の増加、類似業種の上場株式の株価上昇、会社所有の不動産・有価証券の価格上昇等があります。将来に向けて会社がますます成長を続け、さらに上場株や土地の価格も上昇に転じれば、自社株式の評価額も何倍・何十倍と跳ね上がり、将来の相続時には多額の相続税が課されることが予想されます。そうなる前の早い時期に自社株を贈与しておくことで、相続税を抑える効果が期待できます。

　この点、現金等のように将来においても価値の増加しない財産よりも、将来価値の増加が見込まれるものの贈与を先に行ったほうが、相続税の節税メリットは格段に大きくなるといえるのです。

自社株贈与ではどんな点に注意が必要か

　贈与税対策の基本は、贈与する相手を多くし、少額を贈与することが原則とされています。しかし、株式をどんどん分散していくと会社の経営に関係しない人も株主になり、会社の安定的な経営などの観点から何かと問題が生じやすくなりますので、自社株の贈与にはこの原則があてはまりません。

手続きをしっかりしないと贈与が否認されることもある

　自社株の贈与手続きを確実にしておかないと、贈与として認められない可能性もあります。対策として、①贈与契約書を2通作成し、贈与した者と贈与を受けた者がそれぞれ1通ずつ保管すること、②株式の譲渡制限のある会社の場合には、贈与についても株式の譲渡承認が必要ですので、贈与する人が会社に対して譲渡承認申請をすることの2点を忘れないでください。

■ 事業承継にあたって生前贈与をする場合のメリット・注意点 …

生前贈与のメリット

・相続財産を減少させることができる
・株式の評価額の上昇に伴う相続税の増加を抑えることができる

生前贈与の注意点

自社株の生前贈与の場合は、贈与する相手を限定し、自社株の分散を避けること

※暦年課税で課税する場合を想定

3 納税資金が不足する場合の対策

自社株式は、譲渡制限がなければ原則として物納できる

発行会社に譲渡して納税資金を調達する

　オーナー会社で相続が発生したときに、持株を発行会社に売却することで資金調達を行うケースが少なくありません。被相続人が所有していた財産の大半が自社の持株というケースでは、換金性の低い非上場株式の譲渡先を発行会社とすることで、納税資金を調達することが会社の支配権維持の観点からも都合がよいからです。

　通常、個人が非上場株式をその発行会社に売却した場合「みなし配当課税」が生じ、所得税と住民税合わせて最高55％もの高率で課税されます。しかし、それが相続により取得した非上場株式である場合には、相続税の申告期限から3年以内であれば、譲渡益全体について譲渡益課税20％（所得税15％・住民税5％）が適用されます。いわゆる金庫株の活用です。

　さらに、相続により取得した自社株式を金庫株として取得してもらう場合に、相続財産を譲渡した場合の取得費加算の特例（167ページ）を使うことができます。この特例は、相続税の申告期限から3年以内に株式を他者に譲渡した場合、相続税額のうちの一定の金額を譲渡した自社株式の取得費に加算できる制度です。取得費が増えるわけですから、その分、納税額が減ることになり、有利に納税資金の確保ができます。

　この特例を受けるための手続きとして、譲渡所得の確定申告書に、相続税の申告書の写しや計算明細書など一定の書類を添付して提出する必要があります。

自社株式は物納できる

　相続税については、延納によっても金銭での納付が困難と認められる場合には物納が認められています。譲渡制限株式でない限りは、非上場株式も物納できます。

　前述のように、相続により取得した自社株を発行会社に売却した場合は譲渡益課税の対象として20％が課税されます、一方、物納による資産譲渡は非課税として扱われます。よって、売却より物納のほうが、税負担という観点からは有利です。

　また、物納した株式を、後に会社が買い戻すことも可能です。物納された資産は国が競争入札により売却することになるため、株式が第三者の手に渡ってしまう可能性があります。それを防ぐためにも会社自身が買受資金を用意して買い戻すことが必要です。会社が買い取る際の価額は買取時の評価額になるので、物納後に株式の評価額を下げる対策をしておくことで、物納時より低い価額で株式を買い戻せるケースもあります。物納できる財産には優先順位が付けられています。非上場株式は第2順位にあたり、不動産や国債証券といった第1順位にあたる資産に適当なものがない場合に限って、物納に充てることができます。

■ 非上場株式のみなし配当課税の特例 ……………………………

> 相続または遺贈により取得した非上場株式を譲渡した場合、一定の要件を満たせば、みなし配当課税とせず、譲渡所得課税とされる

適用要件

> 相続等により取得した非上場株式を、同日以後3年10か月以内に、その発行会社に譲渡すること

> ※相続税額の取得費加算特例も適用できる

相続によらない事業承継

株式を売買するのも事業承継の効果的な方法である

事業承継対策として株式を贈与すると、贈与した人の財産から株式がなくなります。

しかし、株式を売却した場合には売買の対価として他の財産が増えますので、財産の合計額は全く同じです。「それなら株式の売買効果はないのではないか」と思う人もいるでしょうが、売却時は財産価額が同じでも、自社株評価が今後上昇すると予測されるのであれば、早く売却しておいたほうが有利です。

したがって、会社の中長期的な計画との関わりあいで、株価もある程度の予測も可能ですので、株価の低い時期に売買すれば効果があるといえます。贈与ほど直接的ではありませんが、立派な事業承継対策になります。しかし、贈与では贈与を受ける人に資力は不要ですが、売買では買う人に資金が必要です。

親子間売買はどんな点に注意が必要か

一般的に、親子間で自社株を売買するのは、相続税対策のため親が持っている自社株を子どもに売却するというケースです。

親子間で売買するのであれば他人に売るわけではないので、なるべく安い値段で売りたいと思うのが人情です。なぜなら売った親の譲渡所得に対する所得税が安くなり、子どもの方でも買取資金が少なくてすむからです。

売る側の譲渡所得に対する所得税の計算ではそれで問題ないのですが、時価以下で売買した場合、買う子どもの方には経済的利益が生じ

ますので、その利益に対して贈与税が課税されます。

　自社株の生前贈与が節税対策になるというのはどういうことなのかといいますと、**事業承継税制における納税猶予制度**を活用できるということです。非上場のオーナー企業が、たとえば自分の子どもなど次世代の新オーナーに、円滑に事業を承継できるようにする制度です。

　非上場企業のオーナーが法定相続人のうちのひとりに自社の株式を贈与する場合、一定の要件を満たせば発行済株式の3分の2または全株式に関して、贈与税の納付が猶予されます。

　ただ、これはあくまで、後継ぎを探すのが難しい中小企業の現状を考慮して、税制の面から支援することを目的とした制度です。したがって、制度の適用を受けるためにはいろいろな要件を満たす必要がありますし、制度の適用を受けた後でもいろいろな要件を満たし、税務署などに対して書類を提出するといった義務を果たさなければなりません。たとえば、納税猶予制度の適用を受けるためには、制度を受けることができる会社の要件、相続人の要件、被相続人の要件などをクリアする必要があります。

■ 相続によらない事業承継 ···

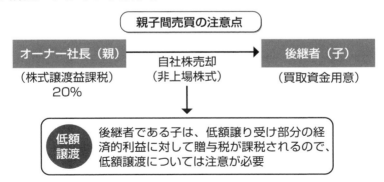

5 株式売却について知っておこう

株式売却の特徴は他の企業再編と比較して手続きが簡単なこと

株式売却とは

株主が保有しているある会社の株式を他人や親族に譲渡することを**株式譲渡**といい、このうち譲渡対価が発生する株式譲渡のことを**株式売却**といいます。

会社が行う株式売却には、自社が保有している他社の株式を売却するケースと、経営者（オーナー）が自ら保有している自社の株式を売却し、かつ経営権も手放すケース（会社売却）があります。

本書では、親族間の株式売却の場合で多い後者を想定して、以下見ていきましょう。

株式売却の特徴

株式売却の特徴は、比較的手続きが簡単なことです。そのため、事業承継の手法として株式売却が多様されています。もし、後継者（子）の会社がオーナー社長（親）の会社を譲り受けるために、合併の手法を用いる場合、原則として株主総会の特別決議による承認を経る必要があり、手続きが面倒です。さらに、合併に反対する株主からの株式買取請求への対応や、債権者保護手続きも必要です。また、オーナー社長（親）の会社は消滅してしまいます。しかし、株式売却であれば、株主との間で売買契約を締結し、代金を支払い、株主名簿の名義書換えを経ることで、手続きが完了するのが原則です。

株式売却の手順はどのようになるか

株式売却は、①株式の価格の決定、②売却先との合意、③会社の承

認、④売買契約の締結、⑤株主名簿の書換えと売買代金の受領、という手順で進んでいきます。

　承継する会社が中小企業の場合、中小企業は一般に非上場で、株式の市場価格がないため、価格を決める必要があります。株式売却の場合は、算出方法に関する規定がないため、公認会計士や税理士などの会計・税務の専門家に依頼し、価格を決めてもらうのが一般的です。ただ、専門家に価格を決めてもらうだけでは意味がないので、算定価格をもとに事業を承継する者と合意しましょう。

　会社の承認は、譲渡するのが譲渡制限付株式である場合に必要となる手続きです。譲渡制限付株式を売却先へ売却（譲渡）するには、会社が売却を承認する必要があります。定款に別段の定めのない限り、取締役会設置会社では取締役会、取締役会設置会社以外の会社では株主総会の承認が必要です。会社の承認が得られないと、株式の売却先が会社または会社の指定する買受人に限定されてしまうため、自らが決めた売却先へ株式を売却するという目的を達成できなくなります。

　売買契約の締結後、株主名簿の書換えと代金の受領を行います。会社が株券を発行している場合（株券発行会社）は、売却先にすべての株券を交付することが必要です。この際、株券の一部が紛失していると株券喪失登録という再発行手続きが必要です。再度株式が発行されるまで1年かかるので、株券の一部が紛失している場合は、株主総会の特別決議で株券の廃止を決めます。なお、株券を発行していない会社（株券不発行会社）では、このような心配はありません。

▌どんなことを登記するのか

　ここでは株式売却があった場合に、どのような登記が必要になるかを、商業登記と不動産登記に分けて説明していきます。

　株式の売却は、株主名簿に記載された株主が入れ替わるだけの手続きです。したがって、株式の売却が行われても会社の法人格に変化は

なく、必ず商業登記が必要になるわけではありません。

　ただし、事業承継のように株式売却によって株主が変わる場合、役員全員の入れ替えなど、役員（取締役・監査役等）も変更することがあります。その場合には、役員の変更登記が必要になります。会社の商号、本店、目的の変更があった場合は、それに対応した登記の申請も必要です。商号変更、目的変更、取締役や代表取締役の変更があったときの申請書（書式2）を挙げておきます。また、その時の登記すべき事項の記載例（書式3）も挙げておきますので参考にしてください。一方、不動産登記についても会社の法人格に変化はありません。さらに、株式が売却されても、買収された会社がその不動産の所有者である状態に変わりありません。そのため、株式の売却により買収される企業が不動産を所有していたとしても、必ず不動産登記が必要になるというわけではありません。ただし、買収された会社の商号、本店所在地が変更になった場合には、不動産登記の登記事項を変更する必要があります。この場合は、登記名義人表示変更登記を申請します（書式4）。申請先は、不動産の所在地を管轄する法務局です。

■ 株式譲渡と吸収合併の違い ……………………………………………

	株式譲渡	吸収合併
債権者保護手続き	不要	必要
反対株主の株式買取請求	なし	あり
対価	主に現金	主に株式
法人格	残る	吸収された法人は消滅する
商業登記	要する場合もある	必要
不動産登記	要する場合もある	必要

書式1 株式譲渡契約書

株式譲渡契約書

　○○○○（以下「甲」という）と、△△△△（以下「乙」という）は、甲の保有する株式会社□□の発行済株式を、乙に譲渡することにつき合意し、以下の通り契約する。

第1条（目的） 甲は、甲の保有する次の株式（以下「本件株式」という）を乙に対して譲渡することを確認し、合意する。

　本　店　　　　○○県○○市○○町○丁目○番○号

　商　号　　　　株式会社□□（以下「丙」という）

　発行済株式　　○○○○株

第2条（譲渡価額及び支払方法） 甲は、本件株式を、令和○年○月○日限り、譲渡の対価として金○○○万円で乙に譲渡する。

2　乙は、甲に対し、前項の譲渡日（以下「譲渡日」という）において、本件株式の株券の交付及び名義書換の完了と引換えに、代金全額を支払うものとする。

3　前項に定める代金支払いは、乙が甲の指定する銀行口座に振込むことにより行うものとする。

第3条（表明保証） 甲は、乙に対し、以下の事項を保証する。

　①　本件株式の譲渡につき、譲渡日までに丙の取締役会の承認を得、かつ、乙に本件株式を譲渡するについて必要な手続きをすべて完了すること

　②　甲は、本件株式の全部についての完全な権利者であること

　③　本件株式に譲渡担保権、質権等の担保権は設定されておらず、その他何らの負担も付されていないこと

　④　令和○年○月○日現在の丙の財務内容は、別紙記載の丙の貸借対照表及び損益計算書のとおりであり、簿外債務が存在しないこと

第4条（賠償責任） 甲または乙は、前条に違反したときは、それによって相手方が被った損害、損失等を相手方に賠償または補償するものとする。

第5条（秘密保持） 甲及び乙は、本契約の交渉過程及び本契約の履行を通して相手方より開示された情報を、相手方の書面による承諾がない限り、第三者に漏洩または開示してはならない。ただし、以下のものはこの限りでない。

① 相手方から知得する以前にすでに所有していたもの

② 相手方から知得する以前にすでに公知のもの

③ 相手方から知得した後に、自己の責めによらない事由により公知とされたもの

④ 正当な権限を有する第三者から秘密保持の義務を伴わずに知得したもの

第6条（協議） 本契約に定めのない事項、または、本契約の条項の解釈に関して疑義が生じたときは、甲乙誠意をもって協議の上、これを決定する。

第7条（合意管轄） 甲及び乙は、本契約に関して紛争が生じた場合には、甲の住所地を管轄する裁判所を第1審の専属的合意管轄裁判所とすることに合意する。

　本契約の成立を証するため、本書2通を作成し、甲乙記名押印の上、各1通を保有することとする。

令和○年○月○日

（甲）　○○県○○市○○町○丁目○番○号
　　　　　　　　　○○○○　㊞

（乙）　○○県○○市○○町○丁目○番○号
　　　　　　　　　△△△△　㊞

〈別紙貸借対照表及び損益計算書は省略〉

株式会社変更登記申請書

1. 会社法人等番号　○○○○－○○－○○○○○○
1. 商　　　　　号　ＡＢＣ商事株式会社
（フリガナ　エービーシーショウジ）
1. 本　　　　　店　東京都千代田区飯田橋一丁目１番１号
1. 登 記 の 事 由　商号の変更
　　　　　　　　　　目的の変更
　　　　　　　　　　取締役及び代表取締役の変更
1. 登記すべき事項　別添CD-Rのとおり
1. 登 録 免 許 税　金４万円
　　　　　　　　　　内訳　役員変更分　　金１万円
　　　　　　　　　　　　　その他変更分　金３万円

1. 添付書類
　　定款　　　　　　　　　　　　　　　　　　　　１通
　　株主総会議事録　　　　　　　　　　　　　　　１通
　　株主の氏名又は名称、住所及び議決権数等を証する書面
　　（株主リスト）　　　　　　　　　　　　　　　１通
　　辞任届　　　　　　　　　　　　　　　　　　　３通
　　取締役の互選書　　　　　　　　　　　　　　　１通
　　取締役の就任承諾書　　　　　　　　　　　　　３通
　　代表取締役の就任承諾書　　　　　　　　　　　１通
　　印鑑証明書　　　　　　　　　　　　　　　　　３通
　　委任状　　　　　　　　　　　　　　　　　　　１通
上記のとおり登記の申請をします。
令和３年８月３０日
　　　　　東京都千代田区飯田橋一丁目１番１号
　　　　　申請人　ＤＥＦ商事株式会社
　　　　　東京都葛飾区青戸一丁目１番１号
　　　　　代表取締役　甲野　四郎
　　　　　東京都新宿区高田馬場一丁目１番１号
　　　　　上記代理人　司法書士　戌野　五郎　㊞
　　　　　連絡先の電話番号　０３－○○○○－○○○○
東京法務局　御中

「商号」ＤＥＦ商事株式会社

「原因年月日」令和３年８月２４日変更

「目的」

　１．各種イベントの企画、制作

　２．映画、テレビ、ポスターの企画

　３．広告、宣伝の企画制作及び代理業務

　４．前各号に付帯する一切の業務

「原因年月日」令和３年８月２４日変更

「役員に関する事項」

「資格」取締役

「氏名」甲野太郎

「原因年月日」令和３年８月２４日辞任

「役員に関する事項」

「資格」取締役

「氏名」乙野次郎

「原因年月日」令和３年８月２４日辞任

「役員に関する事項」

「資格」取締役

「氏名」丙野三郎

「原因年月日」令和３年８月２４日辞任

「役員に関する事項」

「資格」代表取締役

「住所」東京都中野区中野一丁目１番１号

「氏名」甲野太郎

「原因年月日」令和３年８月２４日退任

「役員に関する事項」

「資格」取締役

「氏名」甲野四郎

「原因年月日」令和３年８月２４日就任
「役員に関する事項」
「資格」取締役
「氏名」山田五郎
「原因年月日」令和３年８月２４日就任
「役員に関する事項」
「資格」取締役
「氏名」鈴木六郎
「原因年月日」令和３年８月２４日就任
「役員に関する事項」
「資格」代表取締役
「住所」東京都葛飾区青戸一丁目１番１号
「氏名」甲野四郎
「原因年月日」令和３年８月２４日就任

登記申請書

登 記 の 目 的　　所有権登記名義人住所、名称変更

原　　　　因　　令和○年○月○日本店移転

令和○年○月○日商号変更

変更すべき登記　　令和○年○月○日受付第○○○○○○号

変 更 後 の 事 項　　本店　　東京都千代田区飯田橋○丁目○番○号

商号　　ＤＥＦ商事株式会社

申　　請　　人　　東京都千代田区飯田橋○丁目○番○号

ＤＥＦ商事株式会社

（会社法人等番号　○○○○－○○－○○○○○○）

代表取締役　　　甲野　　四郎

添 付 情 報　　登記原因証明情報　　代理権限証書

会社法人等番号

令和○年○月○日申請　東京法務局　○○出張所　御中

代　理　人　　京都新宿区高田馬場一丁目1番1号

司法書士　　戊野　五郎　㊞

連絡先の電話番号　　０３－××××－××××

登録免許税　　金１０００円

不動産の表示　　不動産番号　　１１１１２２２２３３３３３

所　　在　　○○区××○丁目

地　　番　　○○番○

地　　目　　宅地

地　　積　　○○○.○○㎡

株式売却の場合の税務処理

個人か法人かで課せられる税金が違う

　株式を売却した場合、売却益には税金がかかります。個人の場合は所得税および住民税、企業であれば法人税、法人住民税および法人事業税です。ここで、最低限知っておかなければならないことがあります。同じ株式を売却した場合でも、個人が売却したのか法人が売却したのかによって、税金の種類ばかりでなく、税率も課税方式も違うということです。

　個人の場合、課税方式は申告分離課税となります。他の株式で損失を出した場合を除いて、給与所得や事業所得といった総合所得と合算して課税金額を算出することはありません。

　また、譲渡所得の算出方法は、以下のようになります。

　株式の売却代金 －（株式の取得価格＋譲渡の際に必要な諸経費）

　税率は、所得税が15％、復興特別所得税0.315％、住民税が5％の合計20.315％となります。

　一方、法人の場合、課税方式は、総合課税となります。他の事業が赤字だった場合は、譲渡益と合算して税額を決めることができるため、課税所得が圧縮されます。

　また、売却益の算出方法は、個人の場合と、とくに変わりませんが以下のようになります。

　株式の売却代金 －（株式の取得価格＋譲渡の際に必要な諸経費）

　法人税の税率は資本金の金額などによって異なってきますが、法人税の原則は23.2％（地方法人税を含め25.59％）です。ただし、期末資本金が1億円以下で、資本金5億円以上の大法人に完全支配されてい

ないような中小法人については、特例として一部に軽減税率が適用されます。

■ どのような点に注意すればよいのか

　株式売却による譲渡益への課税について、注意をしなければならないことは、譲渡価格が適正だったかどうか、ということです。税法上、株式の売却価格は時価、つまり売却が行われる時の値段で行うこと、となっています。しかし、その時価の具体的な算定式はとくに示されていません。ただ、税の世界では、「利害関係のない第三者同士が合意した株価（売却額）ならば、それを時価とみなす」と言う大原則があります。したがって、利害関係のない第三者同士での株式売買であれば、売却金額が適正な会社の価格として税法上、認められることになります。

　しかし、問題は、売却先が同族株主や系列会社といった利害関係のある人や会社の場合です。このような人や会社に時価から著しくかけ離れた価格で売却すると、時価との差額が個人であれば贈与税が、法人であれば寄附による受贈益として法人税が新たに課されることになってしまいます。

　税法は時価の計算式をとくに定めていませんので、厳密に言えば、時価から著しくかけ離れた価格とは何なのか、という議論は起こります。しかし、たとえば小規模な零細企業を100億円で購入すれば、通常は誰が見てもおかしいと思います。税務署も黙っているわけがありません。

　したがって、このようなことが起こらないように、利害関係のある人や会社への売却の際には、純資産の評価額といった税務上の評価方法をひとつの目安として、適正な売却額であることを客観的に説明できるような金額を設定することが必要なのです。

第 7 章

相続税・贈与税の
申告手続き

相続税の申告と準確定申告について知っておこう

▍相続税の申告

　相続税の申告をするときは、被相続人が死亡したときの住所地を管轄する税務署に相続税の申告書を提出します。

　相続または遺贈によって取得した財産（死亡前3年以内の贈与財産を含みます）および相続時精算課税の適用を受ける財産の額の合計額が基礎控除額以下のときは、相続税の申告も納税も必要ありません。また、相続時精算課税を利用したことにより贈与税額を納付しているのであれば、還付を受ける申告をすることもできます。

　しかし、配偶者に対する相続税額の軽減や小規模宅地等の特例は、申告することで初めて適用になります。したがって、これらを適用する場合は相続税がゼロのときでも申告する必要があります。

　相続税の申告期限および納付期限は、**相続の開始（被相続人の死亡）を知った日の翌日から10か月以内**です。申告期限までに申告しなかったり、実際にもらった財産より少ない額で申告した場合には、罰金的な性格の加算税が課税されます。また、期限までに納めなかったときは、利息にあたる延滞税が課税されます。

　相続税も金銭での一括納付が原則ですが、延納や物納の制度（243〜245ページ）もあります。延納は何年かに分けて納める制度で、物納は相続などでもらった財産そのものを納める制度です。延納、物納を希望する人は、申告書の提出期限までに税務署に申請書を提出して許可を受ける必要があります。もっとも、相続税の申告が終わった後で、相続財産の漏れや計算の間違いに気がつくことがあります。この場合、申告内容を訂正する修正申告が必要です。修正申告には期限は

ありません。自分で気がついて修正申告した場合にはペナルティもありません。ただし、税務調査によって相続財産の申告漏れが発覚した場合には、納税額の10％の過少申告加算税と延滞税が課されます。さらに、相続財産の隠ぺいが発覚した場合は、重加算税が課されます。

　重加算税の税率は、納税額の40％と非常に高くなっています。逆に税金を過大に申告したことに後で気づいた場合には、更正の請求をすることで取り戻すことができます。更正の請求ができるのは、相続税の申告期限から5年以内です。

▌準確定申告とは

　通常、所得税は、毎年1月1日から12月31日までの1年間に生じた所得に対して計算し、その所得税を翌年の2月16日から3月15日までの間に申告して納めることになっています。

　しかし、年の中途で死亡した人の場合には、1月1日から死亡した日までに確定した所得金額及び税額を計算して、相続の開始があったことを知った日の翌日から4か月以内に申告と納税をしなければなりません。これを**準確定申告**といいます。相続税の申告期限は、相続の開始があったことを知った日の翌日から10か月以内であるため、準確

■ 相続のスケジュール ……………………………………………………

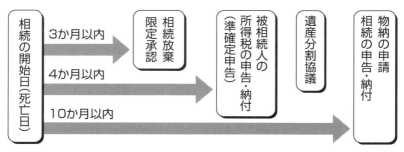

定申告は相続税の申告よりも先に行う必要があり、法定相続人が複数いる場合には共同で行う必要があります。もし、確定申告をしなければならない人が、翌年の1月1日から確定申告期限である翌年3月15日までの間に確定申告書を提出しないで死亡した場合の準確定申告の期限は、前年分、本年分とも相続の開始があったことを知った日の翌日から4か月以内となります。

準確定申告が必要な場合

基本的には、通常の確定申告が必要な場合と変わらないため、準確定申告が必要な場合は主に次のようなケースになります。
・給与を2か所以上から受けている
・給与収入が2,000万円を超える
・給与所得、退職所得以外の所得が合計20万円を超える
・一定の額の公的年金等を受けている

準確定申告での所得控除の留意事項

準確定申告でも、通常の確定申告のように所得控除がありますが、次の点に留意が必要です。
・**医療費控除の適用**
医療費控除の対象となるのは、死亡の日までに被相続人が支払った医療費であり、死亡後に相続人等が支払ったものを準確定申告の医療費控除の対象にすることはできません。
・**社会保険料、生命保険料、地震保険料控除の適用**
死亡の日までに被相続人が支払った保険料額が控除対象となります。
・**配偶者控除、扶養控除等の適用の判定**
被相続人の死亡の日の現況により、配偶者控除や扶養控除などの適用要件が満たされているかどうかで判断します。

書式 所得税の準確定申告書（第1表）

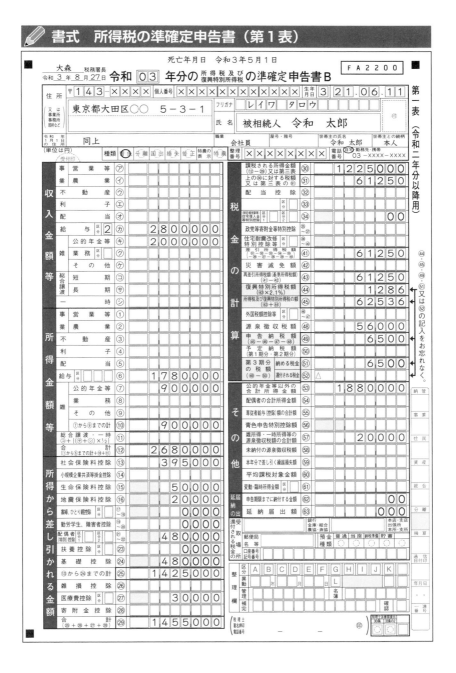

書式　所得税の準確定申告書（第２表）

整理番号 ××××××××××　FA2300

令和 03 年分の所得税及び復興特別所得税の準確定申告書B

住所 東京都大田区○○　5－3－1
屋号
フリガナ レイワ タロウ
氏名 被相続人　令和　太郎

○ 所得の内訳（所得税及び復興特別所得税の源泉徴収税額）

所得の種類	種目	給与などの支払者の名称・所在地等	収入金額	源泉徴収税額
給与		株式会社○○ 東京都渋谷区○○○3-5-×	2,800,000円	36,000円
雑(年金)		厚生労働省 千代田区霞ヶ関1-2-2	2,000,000	20,000

㊽ 源泉徴収税額の合計額 56,000円

○ 総合課税の譲渡所得、一時所得に関する事項（⑪）

所得の種類	収入金額	必要経費等	差引金額
譲渡（短期）	円	円	円
譲渡（長期）			
一時			

○ 特例適用条文等

○ 保険料控除等に関する事項（⑬～⑯）

	保険料等の種類	支払保険料等の計	うち年末調整等以外
⑬社会保険料控除	源泉徴収票のとおり	395,000円	円
⑭小規模企業共済等掛金控除		円	円
⑮生命保険料控除	新生命保険料	円	円
	旧生命保険料	100,000	
	新個人年金保険料		
	旧個人年金保険料		
	介護医療保険料		
⑯地震保険料控除	地震保険料	20,000円	円
	旧長期損害保険料		

○ 本人に関する事項（⑰～⑳）

寡婦	ひとり親	勤労学生	障害者	特別障害者
□ 死別 □ 生死不明 □ 離婚 □ 未帰還		□ 年調以外かつ専修学校等		

○ 雑損控除に関する事項（㉖）

損害の原因	損害年月日	損害を受けた資産の種類など
	. .	

損害金額	円	保険金などで補塡される金額	円	差引損失額のうち災害関連支出の金額	円

○ 寄附金控除に関する事項（㉘）

寄附先の名称等		寄附金	円

○ 配偶者や親族に関する事項（⑳～㉓）

氏名	個人番号	続柄	生年月日	障害者		国外居住		住民税		その他
令和 花子	××××××××××××	配偶者	明・大・㊧・平 25．8．2	障	特障	国外	年調	同一	別居	調整
			明・大・昭・平・令 . .	障	特障	国外	年調	⑯	別居	調整
			明・大・昭・平・令 . .	障	特障	国外	年調	⑯	別居	調整
			明・大・昭・平・令 . .	障	特障	国外	年調	⑯	別居	調整
			明・大・昭・平・令 . .	障	特障	国外	年調	⑯	別居	調整
			明・大・昭・平・令 . .	障	特障	国外	年調	⑯	別居	調整

○ 事業専従者に関する事項（(55)）

事業専従者の氏名	個人番号	続柄	生年月日	従事月数・程度・仕事の内容	専従者給与（控除）額
			明・大・昭・平 . .		円
			明・大・昭・平 . .		

○ 住民税・事業税に関する事項

住民税	非上場株式の少額配当等を含む配当所得の金額	非居住者	配当割額控除額	株式等譲渡所得割額控除額	給与、公的年金等以外の所得に係る住民税の徴収方法 特別徴収	自分で納付	都道府県、市区町村への寄附（特例控除対象）	共同募金、日赤その他の寄附	都道府県条例指定寄附	市区町村条例指定寄附
	円	円	円	円	○	○	円	円	円	円

事業税				
非課税所得など	番号	所得金額 円	損益通算の特例適用前の不動産所得 円	前年中の開（廃）業 開始・廃止 月日
不動産所得から差し引いた青色申告特別控除額			事業用資産の譲渡損失など	他都道府県の事務所等 ○

上記の配偶者・親族・事業専従者のうち別居の者の氏名・住所	氏名		住所		所得税で控除対象配偶者などとした専従者	氏名		給与	円	一連番号	

第二表（令和二年分以降用）○第二表は、第一表と一緒に提出してください。○国民年金保険料や生命保険料の支払証明書など申告書に添付しなければならない書類は添付書類台紙などに貼ってください。

書式　確定申告書付表

死亡した者の __3__ 年分の所得税及び復興特別所得税の確定申告書付表
（兼相続人の代表者指定届出書）

〔受付印〕

1	死亡した者の住所・氏名等							

住所	（〒143 - ××××） 東京都大田区○○5 - 3 - 1	氏名	フリガナ レイワ　タロウ 令和　太郎	死亡年月日	平成 令和 3 年 5 月 1 日

2	死亡した者の納める税金又は還付される税金	〔第3期分の税額〕	〔還付される税金のときは頭部に△印を付けてください。〕	6,500 円…A

3	相続人等の代表者の指定	代表者を指定されるときは、右にその代表者の氏名を書いてください。	相続人等の 代表者の氏名	

4	限定承認の有無	相続人等が限定承認をしているときは、右の「限定承認」の文字を○で囲んでください。	限定承認

5　相続人等に関する事項

(1) 住所	（〒143 - ××××） 東京都大田区○○ 5 - 3 - 1	（〒241 - ××××） 神奈川県横浜市○○ 1 - 1 - 1	（〒　 - 　　）	（〒　 - 　　）
(2) 氏名	フリガナ レイワ ハナコ 令和　花子	フリガナ レイワ イチロウ 令和　一郎	フリガナ	フリガナ
(3) 個人番号	××××××××××××	××××××××××××		
(4) 職業及び被相続人との続柄	職業 なし　続柄 妻	職業 会社員　続柄 長男	職業　　続柄	職業　　続柄
(5) 生年月日	明・大・㊊・平・令 25 年 8 月 2 日	明・大・㊊・平・令 50 年 9 月 9 日	明・大・昭・平・令 　年　月　日	明・大・昭・平・令 　年　月　日
(6) 電話番号	03 - ×××× - ××××	045 - ×××× - ××××		
(7) 相続分…B	㊐定・指定 1/2	㊐定・指定 1/2	法定・指定	法定・指定
(8) 相続財産の価額	円	円	円	円

6 納める税金等	各人の納付税額 A×B （各人の100円未満の端数切捨て）	3,200 円	3,200 円	00 円	00 円
	各人の還付金額 （各人の1円未満の端数切捨て）	円	円	円	円

7 還付される税金の受取場所	振込みを希望する場合の預金口座に	銀行名等	銀行 金庫・組合 農協・漁協	銀行 金庫・組合 農協・漁協	銀行 金庫・組合 農協・漁協	銀行 金庫・組合 農協・漁協
		支店名等	本店・支店 出 張 所 本所・支所	本店・支店 出 張 所 本所・支所	本店・支店 出 張 所 本所・支所	本店・支店 出 張 所 本所・支所
		預金の種類	預金	預金	預金	預金
		口座番号				
	貯金口座に希望する場合のゆうちょ銀行の貯金口座の記号番号	貯金口座の記号番号	－	－	－	－
	郵便局等窓口で受取りを希望する場合の郵便局名等	郵便局名等				

（注）「5　相続人等に関する事項」以降については、相続を放棄した人は記入の必要はありません。

税整務理署欄	整理番号	0		0		0		0		一連番号
	番号確認 身元確認	□ 済 □ 未済		□ 済 □ 未済		□ 済 □ 未済		□ 済 □ 未済		

○この付表は、申告書と一緒に提出してください。

相続税の申告書を作成する

相続税申告書はどんな構成になっているのか

　相続税申告書は第1表から第15表まであり、申告にあたっては多くの書類を用意することになります。相続税は、被相続人から相続される財産から、借入金などの債務および葬式費用を差し引いた正味の遺産額に基づいて計算されます。さらに、そこで計算された税額から、相続人が配偶者、未成年、障害者であった場合などに適用される各種税額控除を差し引き、最終的な相続税額が決定されます。各書類で計算した要素を最終的に第1表で取りまとめ、相続税納付額（または還付額）が明らかになるという構成になっています。

第1～3表はどんな書類なのか

　第1表は、相続税の納税額（または還付額）が決定される、申告書類の中でも最も基本となる申告書類です。第2表から第15表で計算される各要素を第1表に集約し、最終的な相続税およびその計算の過程を表します。第1表を見れば、被相続人から相続される財産等の課税価格、そこから求められる相続税の総額、相続税総額から各相続人へ分配された金額、各種税額控除の金額、そして税額控除を差し引いた後の各相続人の納めるべき相続税額までを把握できます。

　第2表では、各相続人に分配される前の相続税の総額が計算されます。この相続税の総額は、税額控除を差し引く前の金額です。相続税の課税価格が決定されると、そこから基礎控除額を差し引いた金額に基づき、相続税の総額が計算されます。どのように遺産を分割したとしても、相続税額の総額は一定になるように計算されます。

第3表は、被相続人から財産を相続した人の中に農業相続人がいる場合に使用する表です。農業相続人とは、被相続人が農業を営んでいた場合に、相続によって取得した農地で引き続き農業を営んでいく相続人のことをいいます。このようなケースでは、第3表において相続税総額から各相続人へ分配される金額を計算します。

第4～8表はどんな書類なのか

　第4表から第8表では、各相続人に分配された相続税から差し引く、各種税額控除の金額を計算していきます。

　第4表では、暦年課税分の贈与税額控除額を計算します。相続開始前3年以内において被相続人から贈与を受けている場合は、そこで贈与された財産についても相続税が課されます。ただし、この贈与財産にかかる贈与税額分については相続税を計算する上で控除します。

　第5表は、「配偶者の税額軽減額の計算書」です。相続人の中に配偶者がいる場合、相続税の総額のうち、課税価格の合計に対する配偶者の課税価格（1億6,000万円を超える場合は1億6,000万円）の割合分だけ税額を軽減することができます。

　第6表は、未成年者控除額および障害者控除額を計算する表です。相続人の中に未成年や障害者がいる場合にこの控除を適用することができます。未成年者は20歳まで、障害者は85歳までこれらの控除を適用でき、いずれも年齢が若いほど控除金額も大きくなります。

　第7表は今回の相続前10年以内に開始した相続について、被相続人が相続税を課されている場合に作成します。このようなケースにおいては、前回の相続の際の被相続人の相続税額や、前回の相続からの年数などに基づいて相次相続控除額を計算します。

　第8表では、外国税額控除額及び農地等納税猶予税額を計算します。外国税額控除は、課税される財産が外国にあり、外国で課された相続税がある場合に、その税金分だけ日本で課する相続税から控除しよう

というものです。農地等納税猶予税額は、相続人の中に農業相続人がおり、かつ、取得した農地等の価額が一定の条件を満たす場合に適用できる相続税の猶予のことです。税金の猶予にあたりますので、第1表において今回納めるべき相続税額を計算する際に控除されます。

第9〜15表はどんな書類なのか

第9表から第12表までは、今回相続する財産の価額に関する書類、第13表は債務の金額に関する書類、第15表はこれらの財産、債務の価額を種類別に取りまとめた書類です。

まず、**第9表**は「生命保険金などの明細書」です。相続人が、被相続人から相続または遺贈によって取得した生命保険金などを受け取った場合に、その保険金の課税金額を計算します。

第10表は「退職手当金などの明細書」です。相続人が被相続人の退職手当や退職給付金等を受け取った場合にその受取金額を記載し、課税金額を計算します。

第11表は、「相続税がかかる財産の明細書」です。相続税がかかる財産の種類や細目、それぞれにかかる価額を記載します。また、それぞれの財産についてどの相続人が取得したのかを明らかにします。ここで記載する土地に関して小規模宅地等の特例を受ける場合には、第11・11の2表の付表1を作成します。また、特定事業用資産の特例を受ける場合には第11・11の2表の付表3を、特定計画山林の特例を選択する場合は第11・11の2表の付表4を、そしていずれの場合においても第11・11の2表の付表2を作成します。

第12表は、「農地等についての納税猶予の適用を受ける特例農地等の明細書」です。農地等について納税猶予の特例を受ける場合に、該当する農地の所在場所や面積などの詳細を記載します。

第13表では、銀行からの借入金や税金の未払金といった被相続人の債務及び葬式費用の明細を記載します。

第14表は、相続開始前３年以内において被相続人から贈与を受けている場合に、相続税の課税価格に加算される金額を計算するために作成します。その他、出資持分の定めのない法人等に遺贈した財産の明細、特定の公益法人等に寄附した相続財産の明細等についても該当があれば記載します。

そして、ここまでの書類に記載してきた財産、債務等の明細を種類別に表に取りまとめたものが**第15表**の「相続財産の種類別価額表」です。この表において、相続される財産から債務を差し引いた正味の遺産額が計算されます。

相続税申告書はどんな順番で作成するのか

相続税申告書を作成する際は、まず第９表～15表から取りかかります。ここで相続税算定の基礎となる課税価額（正味の遺産額）を計算した後、第１表、第２表を作成します。第１表の各相続人の算出税額まで計算したところで、第４表～第８表を作成して各種税額控除金額を算出し、再び第１表に戻って最終的な納付税額まで計算します。

■ 相続税申告書の関係図 ･････････････････････････････････

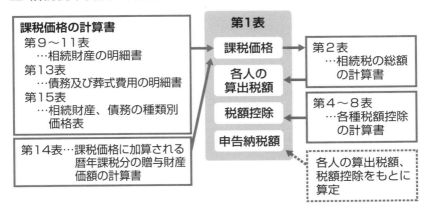

相続税申告書の書き方

ケースに応じて提出が不要な書類もある

具体的なケースを想定して申告書を作成してみる

たとえば、父が被相続人となり、その家族が相続人となったケースを想定して相続税申告書を作成します。相続開始年月日は令和2年10月15日、家族構成は会社員の父、主婦の母、会社員の長女、学生の長男（未成年）です。4人は持家である都内の一軒家で暮らしています。上記事例に基づいた場合の相続税申告書の書き方を見てみましょう。

第9、10、11表の書き方

まず、第9、10、11表を作成します。

書式　第9表 生命保険金などの明細書

受け取った生命保険金等の金額および受取人氏名を記載します。生命保険金については非課税枠（500万円×法定相続人の数）が設けられていますので、受け取った保険金の金額から非課税金額を差し引いた額が課税金額となります。このケースでは、法定相続人は3人いるため非課税金額は1,500万円です。ここで算出した保険金の課税金額は第11表に転記します。

書式　第10表 退職手当金などの明細書

受け取った退職手当金などの金額や受取人氏名を記載します。こちらについても非課税枠（500万円×法定相続人の数）が設けられているため、受け取った退職手当金などから非課税金額を差し引いた課税金額を第11表に転記します。

書式　第11表 相続税がかかる財産の明細書

相続によって取得した財産の種類、細目ごとに所在場所や数量、価

額、取得した人の氏名等を記載していきます。前述した生命保険金や退職手当金などの他、土地や有価証券、預金、家具など、相続税がかかる財産はすべて記載します。ここで計算された相続人ごとの取得財産の合計価額および相続人全員の取得財産の合計価額は、第1表の①取得財産の価額欄に転記します。

書式　第11・11の2表の付表1 小規模宅地等についての課税価格の計算明細書

相続税がかかる財産のうち、小規模宅地等の特例を適用する土地がある場合に作成します。特例の適用を受ける相続人の氏名、小規模宅地の所在地、面積、価額について記載していきます。居住用の宅地であれば面積は330㎡、事業用の宅地であれば400㎡が特例を受けることのできる宅地面積の上限です。この上限までの宅地面積の価額に基づいて、課税価格に算入する価額を計算します。このケースでは、特例を受ける宅地の面積210.5㎡は限度面積である330㎡以下におさまっていますので、宅地の価額5,900万円から減額割合80％分を除いた金額が課税価格に算入されます。この金額は第11表に転記します。

第13、15表の書き方

続いて、第13表、第15表を使用します。

書式　第13表 債務及び葬式費用の明細書

第13表には、被相続人の債務の明細とそれを負担する人の氏名などを記載します。また、被相続人の葬式でかかった費用の明細も記載していきます。これらの債務と葬式費用の合計額は第15表及び第1表の③債務及び葬式費用の金額欄に転記します。

書式　第15表 相続財産の種類別価額表

ここまでに作成した第9、10、11、13表に基づき、取得財産、債務及び葬式費用の価額を種類ごとに記載します。これらの価額は相続人ごとに記載し、また各相続人の合計を記載します。

　相続人が２人以上いる場合は、第15表だけでは記載欄が不足してしまいます。そのため、２人目以降の相続人にかかる財産価額を記載する際は、第15表（続）を使用します。今回の事例では、相続人が３人いるため、長女、長男の相続財産の価額は第15表（続）に記載されます。

第１、２表の書き方（各人の算出税額の計算まで）

　第１表については、税額控除する前の欄「各人の算出税額の計算」まで記載した後、税額控除を算定する書類（第５、６表）を作成し、また第１表に戻ってきます。

書式　第２表　相続税の総額の計算書

　いよいよ相続税の計算に取りかかります。この第２表では、相続人全員分を合わせた相続税の総額を計算します。ここでは、各相続人の実際の取得金額ではなく、法定相続分に対応する取得金額をもとにして相続税を計算します。相続人それぞれの法定相続分に対応する取得金額に税率を掛けて相続税を計算した上で、全相続人の相続税合計額を第１表に転記します。

書式　第１表　相続税の申告書

　第１表の「課税価格の計算」欄は、第11表、第13表を作成した際に転記されています。そのため、その次の欄「各人の算出税額の計算」を記載していきます。第２表から転記された相続税の総額を、各相続人の取得財産の課税価格の割合に応じて分配計算します。

書式　第１表（続）相続税の申告書（続）

　第１表は、各相続人の合計と相続人１人分の相続税の計算のみ記載できるようになっています。２人目以降の相続人に関する記載については、第１表（続）を使用します。

第5、6表の書き方

　ここからは、税額控除を計算する書類を見ていきます。今回の事例では、配偶者の税額軽減および未成年者控除を適用するため、第5、6表を使用します。

書式　第5表 配偶者の税額軽減額の計算書

　相続人の中に被相続人の配偶者がいるため、第5表を作成します。第1表から課税価格の合計、相続税の総額及び配偶者の算出税額を、第11表から配偶者の分割財産の価額を転記します。これらの金額に基づき、配偶者の算出税額を上限として配偶者の税額軽減額を計算します。ここで計算された税額軽減額は、第1表の⑬配偶者の税額軽減額欄に転記します。

書式　第6表 未成年者控除額・障害者控除額の計算書

　相続人の中に未成年（長男）がいるため、未成年者控除額を計算します。20歳に満たない年数の1年につき10万円の控除が適用されますので、2年（20歳－18歳）×10万円＝20万円の控除を受けることができます。ここで計算した控除額は、第1表の⑭未成年者控除額欄に転記します。

第1表の書き方（各人の納付税額の計算まで）

　税額控除額を計算したところで、再び第1表に戻ります。ここで、相続税の申告書を仕上げていきます。

書式　第1表 相続税の申告書

　ここまでで、第1表の「各人の納付・還付税額の計算」欄のうち、「税額控除」欄まではすでに記載されています。今回はこの欄以下に記載のある税額控除や納税猶予等の適用はないため、各人の算出税額から税額控除を差し引いた金額が、そのまま納付すべき税額となります。

ケースによって提出する書類が異なる

　今回のケースでは該当しませんでしたが、相続開始前3年以内において被相続人から贈与を受けている場合は、そこで贈与された財産についても相続税が課されることになります。この場合、相続税の課税価格に加算する金額の計算および贈与財産にかかる贈与税額控除額の計算をするために、第4、14表を作成します。

　第14表は、相続税の課税価格に加算される金額の計算に使用します。相続開始前3年以内に贈与を受けた財産の種類や所在場所、価額等を記載した上で、相続税の課税価格に加算される金額を明らかにし、第1表に転記します。

　なお、特定贈与財産（被相続人の配偶者が贈与により取得した居住用不動産や金銭で、一定の条件を満たすもの）については、相続税の課税価格に加算されません。また、住宅資金の贈与税の非課税・教育資金の一括贈与による贈与税の非課税や結婚・子育て資金の一括贈与に係る贈与税の非課税の適用を受けた一定の贈与財産についても、相続税の課税価格には加算されません。ただし、令和3年4月1日以降の教育資金の一括贈与については一部例外があります（178〜179ページ参照）。

　第4表では、贈与財産にかかる贈与税額控除額を計算していきます。相続開始前3年以内に贈与を受けた財産の価格や贈与税額を記載し、控除額合計を計算します。贈与を受けた財産の価格からは特定贈与財産を差し引いて記載します。ケースに応じて使用する書式には、この他にも第7表相次相続控除、第8表外国税額控除などがあります。相次相続控除とは、被相続人が10年以内に相続等により財産を取得し、相続税が課されていた場合、相続人の相続税額から一定金額が控除されるというものです。外国税額控除とは、外国にある一定の財産を相続した場合に、相続税額から一定金額が控除されるというものです。

相続税の申告書

武蔵野 税務署長
3年7月9日提出

FD3561

相続開始年月日 令和2年10月15日

※申告期限延長日　年　月　日

○フリガナは、必ず記入してください。

		各 人 の 合 計	財産を取得した人	参考として記載している場合
フ リ ガ ナ		（被相続人）イノウエ　ユウト	イノウエ　キョウコ	
氏 名		井上　悠人	井上　杏子	（参考）
個人番号又は法人番号			××××××××××××	
生 年 月 日		昭和34年 1 月 10 日（年齢 61 歳）	昭和37年 4 月 1 日（年齢 58 歳）	
住 所（電話番号）		〒180-○○○○ 東京都武蔵野市○-○-○	〒180-○○○○ 東京都武蔵野市○-○-○（ 042 -△△△△-××××）	
被相続人との続柄　職業		（株）○○製作所 会社員	妻	なし
取 得 原 因		該当する取得原因を○で囲みます	相続・遺贈・相続時精算課税に係る贈与	
※ 整 理 番 号				

			各 人 の 合 計	財産を取得した人
課税価格の計算	取得財産の価額（第11表③）	①	94115000	58915000
	相続時精算課税適用財産の価額（第11の2表1⑦）	②		
	債務及び葬式費用の金額（第13表3⑦）	③	21820000	21640000
	純資産価額（①+②-③）（赤字のときは0）	④	72295000	37275000
	純資産価額に加算される暦年課税分の贈与財産価額（第14表1④）	⑤		
	課税価格（④+⑤）（1,000円未満切捨て）	Ⓐ	72295000	37275000
各人の算出税額の計算	法定相続人の数／遺産に係る基礎控除額	3 人 Ⓑ	48000000	左の欄には、第2表の②欄の回の人数及びⒶの金額を記入します。
	相続税の総額	⑦	2536000	左の欄には、第2表の⑧欄の金額を記入します。
	一般の場合（⑧の場合を除く）あん分割合 各人の⑥	⑧	1.00	0.52
	算出税額（⑦×各人の⑧）	⑨	2536600	1319032
	農地等納税猶予税額（第3表）	⑩		
	相続税額の2割加算が行われる場合の加算金額（第4表⑦）	⑪		
各人の納付・還付税額の計算	税額控除	暦年課税分の贈与税額控除額（第4表の2⑤）	⑫		
		配偶者の税額軽減額（第5表⑤又は⑥）	⑬	1307860	1307860
		未成年者控除額（第6表1②、③又は⑥）	⑭	200000	
		障害者控除額（第6表2②、③又は⑥）	⑮		
		相次相続控除額（第7表③又は⑱）	⑯		
		外国税額控除額（第8表1⑧）	⑰		
		計	⑱	1507860	1307860
	差引税額（⑨+⑪-⑱）又は（⑩+⑪-⑱）（赤字のときは0）	⑲	1028740	11172
	相続時精算課税分の贈与税額控除額（第11の2表1⑧）	⑳	00	00
	医療法人持分税額控除額（第8の4表2B）	㉑		
	小　計（⑲-⑳-㉑）（黒字のときは100円未満切捨て）	㉒	1028700	11100
	納税猶予税額（第8の8表⑧）	㉓	00	00
	申告納税額（㉒-㉓）申告期限までに納付すべき税額	㉔	1028700	11100
	還付される税額	㉕	△	△

申告区分	年分		グループ番号		補完番号			補完番号		
税務署整理番号記入欄	名簿番号		申告年月日		関与区分	書面添付	検算	管理補完	確認	

作成税理士の事務所所在地・署名・電話番号

☐ 税理士法第30条の書面提出有
☐ 税理士法第33条の2の書面提出有

（資4-20-1-1-A4統一）第1表（令3.7）

相続税の申告書(続)

`FD3562`

| | ※申告期限延長日 | 年 月 日 | | ※申告期限延長日 | 年 月 日 |

○フリガナは、必ず記入してください。

○この申告書は機械で読み取りますので、黒ボールペンで記入してください。

		財産を取得した人	参考として記載している場合	財産を取得した人	参考として記載している場合
フリガナ		イノウエ ハナ		イノウエ リョウタ	
氏 名		井上 花	(参考)	井上 良太	(参考)
個人番号又は法人番号		××××××××××××		××××××××××××	
生 年 月 日		平成2年 2月 5日（年齢30歳）		平成13年11月6日（年齢18歳）	
住 所 (電話番号)		〒180-○○○○ 東京都武蔵野市○-○-○ （042 -△△△△ -××××）		〒180-○○○○ 東京都武蔵野市○-○-○ （042 -△△△△ -××××）	
被相続人との続柄 職業		長女 ○○証券㈱ 会社員		長男 大学生	
取 得 原 因		(相続)遺贈・相続時精算課税に係る贈与		(相続)遺贈・相続時精算課税に係る贈与	

課税価格の計算	取得財産の価額（第11表③）	①	220300000 円		131170000 円	
	相続時精算課税適用財産の価額（第11の2表1⑦）	②				
	債務及び葬式費用の金額（第13表3⑦）	③	1800000			
	純資産価額（①+②-③）（赤字のときは0）	④	218500000		131170000	
	純資産価額に加算される暦年課税分の贈与財産価額（第14表1④）	⑤				
	課税価格（④+⑤）（1,000円未満切捨て）	⑥	218500000		131170000	
各人の算出税額の計算	法定相続人の数 遺産に係る基礎控除額					
	相続税の総額	⑦				
	一般の場合（⑩の場合を除く） あん分割合 各人の⑥/Ⓐ	⑧	0.30		0.18	
	算出税額（⑦×各⑧の割合）	⑨	760980 円		456588 円	
	農地等納税猶予の適用を受ける場合（第3表⑧）	⑩				
	相続税額の2割加算が行われる場合の加算金額（第4表⑦）	⑪	円		円	
各人の納付・還付税額の計算	税額控除 暦年課税分の贈与税額控除額（第4表の2㉖）	⑫				
	配偶者の税額軽減額（第5表⑨又は㉖）	⑬				
	未成年者控除額（第6表1②、③又は⑥）	⑭			200000	
	障害者控除額（第6表2②、③又は⑥）	⑮				
	相次相続控除額（第7表⑬又は⑱）	⑯				
	外国税額控除額（第8表1⑧）	⑰				
	計	⑱			200000	
	差引税額（⑨+⑪-⑱）又は（⑩+⑪-⑱）（赤字のときは0）	⑲	760980		256588	
	相続時精算課税分の贈与税額控除額（第11の2表⑧）	⑳	00		00	
	医療法人持分税額控除額（第8の4表2B）	㉑				
	小計（⑲-⑳-㉑）（黒字のときは100円未満切捨て）	㉒	760900		256500	
	納税猶予税額（第8の8表⑧）	㉓	00		00	
	申告納税額 申告期限までに納付すべき税額（㉒-㉓）	㉔	760900		256500	
	還付される税額（㉒-㉓）	㉕	△		△	

（右側縦書き）第1表（続）（平成31年1月分以降用） この申告書で提出しない人（参考として記載している場合）は、●を○で囲んでください。 (注) ㉒欄の金額が赤字となる場合は、㉒欄の左端に△を付してください。なお、この場合で、⑳欄の金額のうちに贈与税の外国税額控除額（第1の2表⑨）があるときの㉒欄の金額については、「相続税の申告のしかた」を参照してください。（その人の分は申告書とは取り扱いません。）

○この申告書は機械で読み取りますので、黒ボールペンで記入してください。

※の項目は記入する必要がありません。

相 続 税 の 総 額 の 計 算 書

被相続人	井上　悠人

第2表（平成27年分以降用）

この表は、第1表及び第3表の「相続税の総額」の計算のために使用します。

なお、被相続人から相続、遺贈や相続時精算課税に係る贈与によって財産を取得した人のうちに農業相続人がいない場合は、この表の⑥欄及び⑧欄並びに⑨欄から⑪欄までは記入する必要がありません。

① 課税価格の合計額	② 遺産に係る基礎控除額	③ 課税遺産総額
㋑ (第1表⑥Ⓐ) **72,295**,000 円	3,000万円 + (600万円 × Ⓐ の法定相続人の数 ㋺ **3** 人) = ㋩ **4,800** 万円	(㋑−㋩) (㊀−㋩) **24,295**,000 円
㋺ (第3表⑥Ⓐ) ,000 円	㋺の人数及び㋩の金額を第1表Ⓑへ転記します。	(㋩−㋩) ,000 円

④ 法定相続人 ((注)1参照)		左の法定相続人に応じた法定相続分	第1表の「相続税の総額⑦」の計算		第3表の「相続税の総額⑦」の計算	
氏　名	被相続人との続柄		⑥ 法定相続分に応ずる取得金額 (㊀×⑤) (1,000円未満切捨て)	⑦ 相続税の総額の基となる税額 下の「速算表」で計算します。	⑨ 法定相続分に応ずる取得金額 (㋥×⑤) (1,000円未満切捨て)	⑩ 相続税の総額の基となる税額 下の「速算表」で計算します。
井上 杏子	妻	1/2	12,147,000 円	1,322,050 円	,000 円	円
井上 花	長女	1/4	6,073,000	607,300	,000	
井上 良太	長男	1/4	6,073,000	607,300	,000	
			,000		,000	
			,000		,000	
			,000		,000	
			,000		,000	
			,000		,000	
			,000		,000	
法定相続人の数 Ⓐ **3** 人	合計 1		⑧ 相続税の総額 (⑦の合計額) (100円未満切捨て) **2,536,6**00		⑪ 相続税の総額 (⑩の合計額) (100円未満切捨て) 00	

○この表を修正申告書の第2表として使用するときは、㋑欄には修正申告書第1表の㋺欄の⑥のⒶの金額を記入し、㋺欄には修正申告書第1表の㋺欄の⑥のⒶの金額を第2表として使用します。

(注) 1　④欄の記入に当たっては、被相続人に養子がある場合や相続の放棄があった場合には、「相続税の申告のしかた」をご覧ください。

　　 2　⑧欄の金額を第1表⑦欄へ転記します。財産を取得した人のうちに農業相続人がいる場合は、⑧欄の金額を第1表⑦欄へ転記するとともに、⑪欄の金額を第3表⑦欄へ転記します。

相 続 税 の 速 算 表

法定相続分に応ずる取得金額	10,000千円以下	30,000千円以下	50,000千円以下	100,000千円以下	200,000千円以下	300,000千円以下	600,000千円以下	600,000千円超
税　率	10%	15%	20%	30%	40%	45%	50%	55%
控　除　額	−	500千円	2,000千円	7,000千円	17,000千円	27,000千円	42,000千円	72,000千円

この速算表の使用方法は、次のとおりです。
⑥欄の金額×税率−控除額＝⑦欄の税額　　　⑨欄の金額×税率−控除額＝⑩欄の税額
例えば、⑥欄の金額30,000千円に対する税額（⑦欄）は、30,000千円×15%−500千円＝4,000千円です。

○連帯納付義務について
　相続税の納税については、各相続人等が相続、遺贈や相続時精算課税に係る贈与により受けた利益の価額を限度として、お互いに連帯して納付しなければならない義務があります。

第2表(令3.7)　　　　　　　　　　　　　　　　　　　　　　　　　　　(資4−20−3−A4統一)

配偶者の税額軽減額の計算書

	被相続人	井上　悠人	第5表（平成21年4月分以降用）

私は、相続税法第19条の2第1項の規定による配偶者の税額軽減の適用を受けます。

1　一般の場合　この表は、①被相続人から相続、遺贈や相続時精算課税に係る贈与によって財産を取得した人のうちに農業相続人がいない場合又は②配偶者が農業相続人である場合に記入します。

課税価格の合計額のうち配偶者の法定相続分相当額

（第1表のⒶの金額）	〔配偶者の法定相続分〕			⑦※ 円
72,295,000円 ×	1/2	= 36,147,500円	→ 160,000,000	

上記の金額が16,000万円に満たない場合には、16,000万円

配偶者の税額軽減額を計算する場合の課税価格	① 分割財産の価額（第11表の配偶者の①の金額）	分割財産の価額から控除する債務及び葬式費用の金額		④ （②－③）の金額（③の金額が②の金額より大きいときは0）	⑤ 純資産価額に加算される暦年課税分の贈与財産価額（第1表の配偶者の⑤の金額）	⑥ （①－④＋⑤）の金額（⑤の金額より小さいときは⑤の金額）（1,000円未満切捨て）
		② 債務及び葬式費用の金額（第1表の配偶者の③の金額）	③ 未分割財産の価額（第11表の配偶者の②の金額）			
	58,915,000 円	21,640,000 円	円	21,640,000 円	円	※ 37,275,000 円

⑦ 相続税の総額（第1表の⑦の金額）	⑧ ⑦の金額と⑥の金額のうちいずれか少ない方の金額	⑨ 課税価格の合計額（第1表のⒶの金額）	⑩ 配偶者の税額軽減の基となる金額（⑦×⑧÷⑨）
2,536,6 円 00	37,275,000 円	72,295 千円 ,000	1,307,860 円

配偶者の税額軽減の限度額	（第1表の配偶者の⑨又は⑩の金額）（第1表の配偶者の⑫の金額）	⑪ 1,319,032 円
	（ 1,319,032 円 － 円）	

配偶者の税額軽減額	（⑩の金額と⑪の金額のうちいずれか少ない方の金額）	⑫ 1,307,860 円

(注)　⑫の金額を第1表の配偶者の「配偶者の税額軽減額⑬」欄に転記します。

2　配偶者以外の人が農業相続人である場合　この表は、被相続人から相続、遺贈や相続時精算課税に係る贈与によって財産を取得した人のうちに農業相続人がいる場合で、かつ、その農業相続人が配偶者以外の場合に記入します。

課税価格の合計額のうち配偶者の法定相続分相当額

（第3表のⒶの金額）	〔配偶者の法定相続分〕			⑬※ 円
,000円 ×		= 円	→	

上記の金額が16,000万円に満たない場合には、16,000万円

配偶者の税額軽減額を計算する場合の課税価格	⑭ 分割財産の価額（第11表の配偶者の①の金額）	分割財産の価額から控除する債務及び葬式費用の金額		⑰ （⑮－⑯）の金額（⑯の金額が⑮の金額より大きいときは0）	⑱ 純資産価額に加算される暦年課税分の贈与財産価額（第1表の配偶者の⑤の金額）	⑲ （⑭－⑰＋⑱）の金額（⑱の金額より小さいときは⑱の金額）（1,000円未満切捨て）
		⑮ 債務及び葬式費用の金額（第1表の配偶者の③の金額）	⑯ 未分割財産の価額（第11表の配偶者の②の金額）			
	円	円	円	円	円	※ ,000 円

⑳ 相続税の総額（第3表の⑦の金額）	㉑ ⑬の金額と⑱の金額のうちいずれか少ない方の金額	㉒ 課税価格の合計額（第3表のⒶの金額）	㉓ 配偶者の税額軽減の基となる金額（⑳×㉑÷㉒）
円 00	円	千円 ,000	円

配偶者の税額軽減の限度額	（第1表の配偶者の⑩の金額）（第1表の配偶者の⑫の金額）	㉔ 円
	（ 円 － 円）	

配偶者の税額軽減額	（㉓の金額と㉔の金額のうちいずれか少ない方の金額）	㉕ 円

(注)　㉕の金額を第1表の配偶者の「配偶者の税額軽減額⑬」欄に転記します。

※　相続税法第19条の2第5項（隠蔽又は仮装があった場合の配偶者の相続税額の軽減の不適用）の規定の適用があるときには、「課税価格の合計額のうち配偶者の法定相続分相当額」の（第1表のⒶの金額）、⑥、⑦、⑨、「課税価格の合計額のうち配偶者の法定相続分相当額」の（第3表のⒶの金額）、⑩、⑰及び⑲の各欄は、第5表の付表で計算した金額を転記します。

未成年者控除額 障害者控除額 の 計 算 書

被相続人 　井上　悠人

1　未成年者控除（この表は、相続、遺贈や相続時精算課税に係る贈与によって財産を取得した法定相続人のうちに、満20歳(注)にならない人がいる場合に記入します。）

未成年者の氏名		井上　良太			計
年　齢 （1年未満切捨て）	①	18 歳	歳	歳	歳	
未成年者控除額	②	10万円×(20歳(注)−18歳) = 20 0,000円	10万円×(20歳(注)−　　歳) = 0,000円	10万円×(20歳(注)−　　歳) = 0,000円	10万円×(20歳(注)−　　歳) = 0,000円	円 20 0,000
未成年者の第1表の (⑨+⑪−⑫−⑬) 又は(⑩+⑪−⑫−⑬) の相続税額	③	456,588	円	円	円	456,588

（注）1　令和4年4月1日以降は、「18歳」となります。
　　　2　過去に未成年者控除の適用を受けた人は、②欄の控除額に制限がありますので、「相続税の申告のしかた」をご覧ください。
　　　3　②欄の金額と③欄の金額のいずれか少ない方の金額を、第1表のその未成年者の「未成年者控除額⑭」欄に転記します。
　　　4　②欄の金額が③欄の金額を超える人は、その超える金額（②−③の金額）を次の④欄に記入します。

控除しきれない金額 （②−③）	④	円	円	円	円	計 Ⓐ	円

（扶養義務者の相続税額から控除する未成年者控除額）

Ⓐ欄の金額は、未成年者の扶養義務者の相続税額から控除することができますから、その金額を扶養義務者間で協議の上、適宜配分し、次の⑥欄に記入します。

扶養義務者の氏名					計
扶養義務者の第1表 の(⑨+⑪−⑫−⑬) 又は(⑩+⑪−⑫−⑬) の相続税額	⑤	円	円	円	円
未成年者控除額	⑥				

（注）各人の⑥欄の金額を未成年者控除を受ける扶養義務者の第1表の「未成年者控除額⑭」欄に転記します。

2　障害者控除（この表は、相続、遺贈や相続時精算課税に係る贈与によって財産を取得した法定相続人のうちに、一般障害者又は特別障害者がいる場合に記入します。）

障害者の氏名		一　般　障　害　者		特　別　障　害　者		計
年　齢 （1年未満切捨て）	①	歳	歳	歳	歳	
障害者控除額	②	10万円×(85歳−　　歳) = 0,000円	10万円×(85歳−　　歳) = 0,000円	20万円×(85歳−　　歳) = 0,000円	20万円×(85歳−　　歳) = 0,000円	円 0,000
障害者の第1表の(⑨ +⑪−⑫−⑬−⑭) 又は(⑩+⑪−⑫−⑬−⑭) の相続税額	③	円	円	円	円	円

（注）1　過去に障害者控除の適用を受けた人の控除額は、②欄により計算した金額とは異なりますので税務署にお尋ねください。
　　　2　②欄の金額と③欄の金額のいずれか少ない方の金額を、第1表のその障害者の「障害者控除額⑮」欄に転記します。
　　　3　②欄の金額が③欄の金額を超える人は、その超える金額（②−③の金額）を次の④欄に記入します。

控除しきれない金額 （②−③）	④	円	円	円	円	計 Ⓐ	円

（扶養義務者の相続税額から控除する障害者控除額）

Ⓐ欄の金額は、障害者の扶養義務者の相続税額から控除することができますから、その金額を扶養義務者間で協議の上、適宜配分し、次の⑥欄に記入します。

扶養義務者の氏名					計
扶養義務者の第1表 の(⑨+⑪−⑫−⑬−⑭) 又は(⑩+⑪−⑫−⑬−⑭) の相続税額	⑤	円	円	円	円
障害者控除額	⑥				

（注）各人の⑥欄の金額を障害者控除を受ける扶養義務者の第1表の「障害者控除額⑮」欄に転記します。

第6表(令3.7)　　　　　　　　　　　　　　　　　　　　　　　　　　　　　　　　　　　(資4−20−7−A4統一)

生命保険金などの明細書

被 相 続 人	井上　悠人

1　相続や遺贈によって取得したものとみなされる保険金など

この表は、相続人やその他の人が被相続人から相続や遺贈によって取得したものとみなされる生命保険金、損害保険契約の死亡保険金及び特定の生命共済金などを受け取った場合に、その受取金額などを記入します。

保険会社等の所在地	保険会社等の名称	受取年月日	受取金額	受取人の氏名
新宿区○○5-3-1	○○生命㈱	2・11・2	30,000,000 円	井上 杏子
渋谷区○○1-2-3	○○損保㈱	2・11・2	10,000,000	井上 花
渋谷区○○1-2-3	○○損保㈱	2・11・2	10,000,000	井上 良太
		・　・		
		・　・		

(注) 1　相続人（相続の放棄をした人を除きます。以下同じです。）が受け取った保険金などのうち一定の金額は非課税となりますので、その人は、次の2の該当欄に非課税となる金額と課税される金額とを記入します。
　　 2　相続人以外の人が受け取った保険金などについては、非課税となる金額はありませんので、その人は、その受け取った金額そのままを第11表の「財産の明細」の「価額」の欄に転記します。
　　 3　相続時精算課税適用財産は含まれません。

2　課税される金額の計算

この表は、被相続人の死亡によって相続人が生命保険金などを受け取った場合に、記入します。

保険金の非課税限度額	［第2表の Ⓐ の法定相続人の数］ （500万円× **3** 人 により計算した金額を右のⒶに記入します。）		Ⓐ　　　　　　　円 **15**,000,000

保 険 金 な ど を 受 け 取 っ た 相 続 人 の 氏 名	① 受 け 取 っ た 保 険 金 な ど の 金 額	② 非 課 税 金 額 （Ⓐ × 各人の① / Ⓑ）	③ 課 税 金 額 （①－②）
井上 杏子	30,000,000 円	9,000,000 円	21,000,000 円
井上 花	10,000,000	3,000,000	7,000,000
井上 良太	10,000,000	3,000,000	7,000,000
合　　　　　計	Ⓑ 50,000,000	15,000,000	35,000,000

(注) 1　Ⓑの金額がⒶの金額より少ないときは、各相続人の①欄の金額がそのまま②欄の非課税金額となりますので、③欄の課税金額は0となります。
　　 2　③欄の金額を第11表の「財産の明細」の「価額」欄に転記します。

退職手当金などの明細書

被相続人　井上　悠人

第10表（平成21年4月分以降用）

1　相続や遺贈によって取得したものとみなされる退職手当金など

　この表は、相続人やその他の人が被相続人から相続や遺贈によって取得したものとみなされる退職手当金、功労金、退職給付金などを受け取った場合に、その受取金額などを記入します。

勤務先会社等の所在地	勤務先会社等の名称	受取年月日	退職手当金などの名称	受取金額	受取人の氏名
品川区○○8-2-5	㈱○○製作所	2·11·13	退職金	18,000,000 円	井上 杏子
		· ·			
		· ·			
		· ·			

(注)　1　相続人（相続の放棄をした人を除きます。以下同じです。）が受け取った退職手当金などのうち一定の金額は非課税となりますので、その人は、次の2の該当欄に非課税となる金額と課税される金額とを記入します。
　　　2　相続人以外の人が受け取った退職手当金などについては、非課税となる金額はありませんので、その人は、その受け取った金額そのままを第11表の「財産の明細」の「価額」の欄に転記します。

2　課税される金額の計算

　この表は、被相続人の死亡によって相続人が退職手当金などを受け取った場合に、記入します。

退職手当金などの非課税限度額	［第2表の④の法定相続人の数］ （500万円× 3 人 により計算した金額を右の④に記入します。）	④ 15,000,000 円

退職手当金などを受け取った相続人の氏名	① 受け取った退職手当金などの金額	② 非課税金額 $\left(④ × \dfrac{各人の①}{⑧} \right)$	③ 課税金額 （①−②）
井上 杏子	18,000,000 円	15,000,000 円	3,000,000 円
合　計	⑧ 18,000,000	15,000,000	3,000,000

(注)　1　⑧の金額が④の金額より少ないときは、各相続人の①欄の金額がそのまま②欄の非課税金額となりますので、③欄の課税金額は0となります。
　　　2　③欄の金額を第11表の「財産の明細」の「価額」欄に転記します。

第10表(令3.7)

(資4−20−11−A4統一)

相続税がかかる財産の明細書
(相続時精算課税適用財産を除きます。)

被相続人　井上　悠人

○相続時精算課税適用財産の明細については、この表によらず第11の2表に記載します。

この表は、相続や遺贈によって取得した財産及び相続や遺贈によって取得したものとみなされる財産のうち、相続税のかかるものについての明細を記入します。

遺産の分割状況	区　分	1 全部分割	2 一部分割	3 全部未分割
	分割の日	2・10・23	・	・

財　産　の　明　細							分割が確定した財産		
種類	細目	利用区分、銘柄等	所在場所等	数量 固定資産税評価額	単価 倍数	価額	取得した人の氏名	取得財産の価額
土地	宅地	自用地（居住用）	東京都武蔵野市○-○-○	210.5㎡	(11・11の2表の付表1のとおり)	11,800,000	井上 杏子	(持分1／1) 11,800,000
土地	宅地	自用地	東京都武蔵野市○-○-○	60㎡		13,000,000	井上 花	13,000,000
(計)						(24,800,000)		
家屋	家屋	自用家屋	東京都武蔵野市○-○-○	161.0㎡ 5,500,000	1.0	5,500,000	井上 杏子	5,500,000
(計)						(5,500,000)		
有価証券	その他の株式	○○電力㈱	○○証券武蔵野支店	1,000株	530	530,000	井上 花	530,000
有価証券	その他の株式	○○建設㈱	○○証券武蔵野支店	3,000株	765	2,295,000	井上 杏子	2,295,000
有価証券	その他の株式	㈱○○電鉄	○○証券武蔵野支店	2,000株	1,010	2,020,000	井上 良太	2,020,000
	(小計)					(4,845,000)		
有価証券	貸付信託の受益証券	○○信託銀行貸付信託○号×回	○○信託銀行武蔵野支店			1,800,000	井上 杏子	1,800,000
	(小計)					(1,800,000)		
(計)						(6,645,000)		
現金預金等		現　金	東京都武蔵野市○-○-○			520,000	井上 杏子	520,000
現金預金等		定期預金	○○銀行武蔵野支店			13,000,000	井上 杏子	13,000,000
現金預金等		定期預金	△△銀行武蔵野支店			1,500,000	井上 花	1,500,000

合計表	財産を取得した人の氏名		(各人の合計)						
	分割財産の価額 ①		円	円	円	円	円	円
	未分割財産の価額 ②							
	各人の取得財産の価額（①＋②）③							

(注) 1 「合計表」の各人の③欄の金額を第1表のその人の「取得財産の価額①」欄に転記します。
2 「財産の明細」の「価額」欄は、財産の細目、種類ごとに小計及び計を付し、最後に合計を付して、それらの金額を第15表の①から㉞までの該当欄に転記します。

第11表(令3.7)　　　　　　　　　　　　　　　　　　　　　　　　　　　　（資4−20−12−1−A4統一）

相続税がかかる財産の明細書
（相続時精算課税適用財産を除きます。）

被相続人　井上　悠人

○相続時精算課税適用財産の明細については、この表によらず第11の2表に記載します。

　この表は、相続や遺贈によって取得した財産及び相続や遺贈によって取得したものとみなされる財産のうち、相続税のかかるものについての明細を記入します。

遺産の分割状況	区　　分	1 全部分割	2 一部分割	3 全部未分割
	分割の日	2・10・23	・	・

財産の明細				数量	単価	価額	分割が確定した財産	
種類	細目	利用区分、銘柄等	所在場所等	固定資産税評価額	倍数		取得した人の氏名	取得財産の価額
						円		円
現金預金等		普通預金	△△銀行武蔵野支店	円		3,500,000	井上 良太	3,500,000
(計)						(18,520,000)		
家庭用財産		家具等一式	東京都武蔵野市○-○-○			650,000	井上 良太	650,000
(計)						(650,000)		
その他の財産	生命保険金等					21,000,000	井上 杏子	21,000,000
その他の財産	生命保険金等					7,000,000	井上 花	7,000,000
その他の財産	生命保険金等					7,000,000	井上 良太	7,000,000
	(小計)					(35,000,000)		
その他の財産	退職手当金等					3,000,000	井上 杏子	3,000,000
	(小計)					(3,000,000)		
(計)						(38,000,000)		
[合計]						[94,115,000]		

合計表	財産を取得した人の氏名	(各人の合計)	井上 杏子	井上 花	井上 良太		
	分割財産の価額 ①	94,115,000 円	58,915,000 円	22,030,000 円	13,170,000 円	円	円
	未分割財産の価額 ②						
	各人の取得財産の価額 (①＋②) ③	94,115,000	58,915,000	22,030,000	13,170,000		

(注) 1　「合計表」の各人の③欄の金額を第1表のその人の「取得財産の価額①」欄に転記します。
　　 2　「財産の明細」の「価額」欄は、財産の細目、種類ごとに小計及び計を付し、最後に合計を付して、それらの金額を第15表の①から㉚までの該当欄に転記します。

第11表（令3.7）

（資4-20-12-1-A4統一）

小規模宅地等についての課税価格の計算明細書

　　　　　　　　　　　　　　　　　　　　　　　F D 3 5 4 9

被相続人	井上　悠人

この表は、小規模宅地等の特例（租税特別措置法第69条の4第1項）の適用を受ける場合に記入します。

なお、被相続人から、相続、遺贈又は相続時精算課税に係る贈与により取得した財産のうちに、「特定計画山林の特例」の対象となり得る財産又は「個人の事業用資産についての相続税の納税猶予及び免除」の対象となり得る宅地等その他一定の財産がある場合には、第11・11の2表の付表2を、「特定事業用資産の特例」の対象となり得る財産がある場合には、第11・11の2表の付表2の2を作成します（第11・11の2表の付表2又は付表2の2を作成する場合には、この表の「1　特例の適用にあたっての同意」欄の記入を要しません。）。

（注）　この表の1又は2の各欄に記入しきれない場合には、第11・11の2表の付表1（続）を使用します。

1　特例の適用にあたっての同意

この欄は、小規模宅地等の特例の対象となり得る宅地等を取得した全ての人が次の内容に同意する場合に、その宅地等を取得した全ての人の氏名を記入します。

私（私たち）は、「2　小規模宅地等の明細」の①取得者が、小規模宅地等の特例の適用を受けるものとして選択した宅地等又はその一部（「2　小規模宅地等の明細」の⑤欄で選択した宅地等）の全てが限度面積要件を満たすものであることを確認の上、その取得者が小規模宅地等の特例の適用を受けることに同意します。

氏名	井上　杏子	井上　花

（注）　小規模宅地等の特例の対象となり得る宅地等を取得した全ての人の同意がなければ、この特例の適用を受けることはできません。

2　小規模宅地等の明細

この欄は、小規模宅地等の特例の対象となり得る宅地等を取得した人のうち、その特例の適用を受ける人が選択した小規模宅地等の明細等を記載し、相続税の課税価格に算入する価額を計算します。

「小規模宅地等の種類」欄は、選択した小規模宅地等の種類に応じて次の1～4の番号を記入します。

小規模宅地等の種類：**1** 特定居住用宅地等、**2** 特定事業用宅地等、**3** 特定同族会社事業用宅地等、**4** 貸付事業用宅地等

選択した小規模宅地等	小規模宅地等の種類（1～4の番号を記入します。）	① 特例の適用を受ける取得者の氏名〔事業内容〕 ② 所在地番 ③ 取得者の持分に応ずる宅地等の面積 ④ 取得者の持分に応ずる宅地等の価額	⑤ ④のうち小規模宅地等（限度面積要件を満たす宅地等）の面積 ⑥ ④のうち小規模宅地等（④×⑨）の価額 ⑦ 課税価格の計算に当たって減額される金額（⑥×⑨） ⑧ 課税価格に算入する価額（④－⑦）
	1	① 井上　杏子　〔　　　〕	⑤ 　　210.50 ㎡
		② 東京都武蔵野市○－○－○	⑥ 59000000 円
		③ 210.50 ㎡	⑦ 47200000 円
		④ 59000000 円	⑧ 11800000 円
		① 　　〔　　　〕	⑤ 　　　　　. ㎡
		②	⑥ 円
		③ ㎡	⑦ 円
		④ 円	⑧ 円
		① 　　〔　　　〕	⑤ 　　　　　. ㎡
		②	⑥ 円
		③ ㎡	⑦ 円
		④ 円	⑧ 円

（注）1　①欄の「〔　〕」は、選択した小規模宅地等が被相続人等の事業用宅地等（**2**、**3**又は**4**）である場合に、相続開始の直前にその宅地等の上で行われていた被相続人等の事業について、例えば、飲食サービス業、法律事務所、貸家などのように具体的に記入します。

2　小規模宅地等を選択する一の宅地等が共有である場合又は一の宅地等が貸家建付地である場合において、その評価額の計算上「賃貸割合」が1でないときは、第11・11の2表の付表1（別表1）を作成します。

3　小規模宅地等を選択する一の宅地等が、配偶者居住権に基づく敷地利用権又は配偶者居住権の目的となっている建物の敷地の用に供される宅地等である場合には、第11・11の2表の付表1（別表1の2）を作成します。

4　⑧欄の金額を第11表の「財産の明細」の「価額」欄に転記します。

○　「限度面積要件」の判定

上記「2　小規模宅地等の明細」の⑤欄で選択した宅地等の全てが限度面積要件を満たすものであることを、この表の各欄を記入することにより判定します。

小規模宅地等の区分	被相続人等の居住用宅地等	被相続人等の事業用宅地等		
小規模宅地等の種類	**1** 特定居住用宅地等	**2** 特定事業用宅地等	**3** 特定同族会社事業用宅地等	**4** 貸付事業用宅地等
⑨ 減額割合	$\frac{80}{100}$	$\frac{80}{100}$	$\frac{80}{100}$	$\frac{50}{100}$
⑩ 小規模宅地等の面積の合計	210.5 ㎡	㎡	㎡	㎡
⑪ 限度面積 イ（**1**、**2**、**3**のうち**4**貸付事業用宅地等がない場合）	[**1**の⑩の面積] 210.5 ≦330㎡	[**2**の⑩及び**3**の⑩の面積の合計] ㎡ ≦ 400㎡		
ロ（**1**、**2**、**3**のうち**4**貸付事業用宅地等がある場合）	[**1**の⑩の面積] ㎡ ×$\frac{200}{330}$ +	[**2**の⑩及び**3**の⑩の面積の合計] ㎡ ×$\frac{200}{400}$ +	[**4**の⑩の面積] ㎡ ≦ 200㎡	

（注）　限度面積は、小規模宅地等の種類（「**4** 貸付事業用宅地等」の選択の有無）に応じて、⑪欄（イ又はロ）により判定を行います。「限度面積要件」を満たす場合に限り、この特例の適用を受けることができます。

※ 税務署整理欄	年分		名簿番号		申告年月日		一連番号		グループ番号		補完	

第11・11の2表の付表1（令3.7）　　　　　　　　　　　　　　　　　　　　　　　　　　　（資4-20-12-3-1-A4統一）

○この申告書は機械で読み取りますので、黒ボールペンで記入してください。

※この項目は記入する必要がありません。

債務及び葬式費用の明細書

被相続人 井上 悠人

第13表（令和2年4月分以降用）

1 債務の明細

この表は、被相続人の債務について、その明細と負担する人の氏名及び金額を記入します。
なお、特別寄与者に対し相続人が支払う特別寄与料についても、これに準じて記入します。

債務の明細					負担することが確定した債務	
種類	細目	債権者		発生年月日		負担する人	負担する
		氏名又は名称	住所又は所在地	弁済期限	金額	の氏名	金額
公租公課	2年度分固定資産税	武蔵野市役所	武蔵野市○○△-△-△	2・1・1	180,000円	井上花	180,000円
公租公課	2年度分住民税	武蔵野市役所	武蔵野市○○△-△-△	2・1・1	420,000	井上杏子	420,000
銀行借入金	証書借入れ	○○銀行武蔵野支店	武蔵野市○○×-×-×	27・7・1 4・6・30	18,000,000	井上杏子	18,000,000
				・・・			
				・・・			
				・・・			
				・・・			
合計					18,600,000		

2 葬式費用の明細

この表は、被相続人の葬式に要した費用について、その明細と負担する人の氏名及び金額を記入します。

葬式費用の明細				負担することが確定した葬式費用	
支払先		支払年月日	金額	負担する人	負担する
氏名又は名称	住所又は所在地			の氏名	金額
○○寺	武蔵野市△△ 1-2-3	2・10・17	1,500,000円	井上杏子	1,500,000円
○○商店	武蔵野市△△ 5-5-5	2・10・17	95,000	井上杏子	95,000
○○酒店	武蔵野市△△ 2-8-1	2・10・17	75,000	井上杏子	75,000
○○葬儀社	武蔵野市△△ 8-3-5	2・10・17	1,500,000	井上杏子	1,500,000
その他	（別紙のとおり）	・・	50,000	井上杏子	50,000
		・・			
合計			3,220,000		

3 債務及び葬式費用の合計額

債務などを承継した人の氏名			（各人の合計）	井上杏子	井上花		
債務	負担することが確定した債務	①	18,600,000円	18,420,000円	180,000円	円	円
	負担することが確定していない債務	②					
	計（①+②）	③	18,600,000	18,420,000	180,000		
葬式費用	負担することが確定した葬式費用	④	3,220,000	3,220,000			
	負担することが確定していない葬式費用	⑤					
	計（④+⑤）	⑥	3,220,000	3,220,000			
合計（③+⑥）		⑦	21,820,000	21,640,000	180,000		

（注）1 各人の⑦欄の金額を第1表のその人の「債務及び葬式費用の金額③」欄に転記します。
2 ③、⑥及び⑦欄の金額を第15表の㉝、㉞及び㉟欄にそれぞれ転記します。

相続財産の種類別価額表　(この表は、第11表から第14表までの記載に基づいて記入します。)

（単位は円）

被相続人　井上　悠人　　　　FD3539

氏名　井上　杏子

第15表（令和2年4月分以降用）

○この申告書は機械で読み取りますので、黒ボールペンで記入してください。

種類	細目	番号	各人の合計（被相続人）	井上 杏子
土地（土地の上に存する権利を含みます）	田	①		
	畑	②		
	宅地	③	24800000	11800000
	山林	④		
	その他の土地	⑤		
	計	⑥	24800000	11800000
	③のうち配偶者居住権に基づく敷地利用権	⑦		
	⑥のうち特例農地等 通常価額	⑧		
	農業投資価格による価額	⑨		
	家屋等	⑩	5500000	5500000
	⑩のうち配偶者居住権	⑪		
事業（農業）用財産	機械、器具、農耕具、その他の減価償却資産	⑫		
	商品、製品、半製品、原材料、農産物等	⑬		
	売掛金	⑭		
	その他の財産	⑮		
	計	⑯		
有価証券	特定同族会社の株式及び出資 配当還元方式によったもの	⑰		
	その他の方式によったもの	⑱		
	⑰及び⑱以外の株式及び出資	⑲	4845000	2295000
	公債及び社債	⑳		
	証券投資信託、貸付信託の受益証券	㉑	1800000	1800000
	計	㉒	6645000	4095000
	現金、預貯金等	㉓	18520000	13520000
	家庭用財産	㉔	650000	
その他の財産	生命保険金等	㉕	3500000	2100000
	退職手当金等	㉖	3000000	3000000
	立木	㉗		
	その他	㉘		
	計	㉙	38000000	24000000
	合計（⑥+⑩+⑯+㉒+㉓+㉔+㉙）	㉚	94115000	58915000
	相続時精算課税適用財産の価額	㉛		
	不動産等の価額（⑥+⑩+⑫+⑰+⑱+⑲）	㉜	30300000	17300000
債務等	債務	㉝	18600000	18420000
	葬式費用	㉞	3220000	3220000
	合計（㉝+㉞）	㉟	21820000	21640000
	差引純資産価額（㉚+㉛-㉟）（赤字のときは0）	㊱	72295000	37275000
	純資産価額に加算される暦年課税分の贈与財産価額	㊲		
	課税価格（㊱+㊲）（1,000円未満切捨て）	㊳	72295000	37275000

※の項目は記入する必要がありません。

※税務署整理欄　申告区分　年分　名簿番号　申告年月日　グループ番号

第15表（令3.7）　　　　　　　　　（資4-20-16-1-A4統一）

236

相続財産の種類別価額表（続）　（この表は、第11表から第14表までの記載に基づいて記入します。）

（単位は円）　　　　　　　FD3540

被相続人　井上　悠人

種類	細目	番号	（氏名）井上　花	（氏名）井上　良太
土地（土地の上に存する権利を含みます）	田	①		
	畑	②		
	宅　地	③	13000000	
	山　林	④		
	その他の土地	⑤		
	計	⑥	13000000	
	③のうち配偶者居住権に基づく敷地利用権	⑦		
	⑥のうち特例農地等 通常価額	⑧		
	農業投資価格による価額	⑨		
家屋等		⑩		
	⑩のうち配偶者居住権	⑪		
事業（農業）用財産	機械、器具、農耕具、その他の減価償却資産	⑫		
	商品、製品、半製品、原材料、農産物等	⑬		
	売　掛　金	⑭		
	その他の財産	⑮		
	計	⑯		
有価証券	特定同族会社の株式及び出資 配当還元方式によったもの	⑰		
	その他の方式によったもの	⑱		
	⑰及び⑱以外の株式及び出資	⑲	530000	2020000
	公債及び社債	⑳		
	証券投資信託、貸付信託の受益証券	㉑		
	計	㉒	530000	2020000
現金、預貯金等		㉓	1500000	3500000
家庭用財産		㉔		650000
その他の財産	生命保険金等	㉕	7000000	7000000
	退職手当金等	㉖		
	立　木	㉗		
	その他	㉘		
	計	㉙	7000000	7000000
合計（⑥+⑩+⑯+㉒+㉓+㉔+㉙）		㉚	22030000	13170000
相続時精算課税適用財産の価額		㉛		
不動産等の価額（⑥+⑩+⑫+⑰+⑱+⑲）		㉜	13000000	
債務等	債　務	㉝	180000	
	葬式費用	㉞		
	合計（㉝+㉞）	㉟	180000	
差引純資産価額（㉚+㉛−㉟）（赤字のときは0）		㊱	21850000	13170000
純資産価額に加算される暦年課税分の贈与財産価額		㊲		
課税価格（㊱+㊲）（1,000円未満切捨て）		㊳	21850000	13170000

○この申告書は機械で読み取りますので、黒ボールペンで記入してください。

※の項目は記入する必要がありません。

※税務署整理欄　申告区分　年分　名簿番号　申告年月日　グループ番号

第15表（続）（令3.7）　　　　　　　　　　（資4−20−16−2−A4 統一）

第15表（続）（令和2年4月分以降用）

4

申告書に添付するその他の添付書類の作成方法

申告書とともにさまざまな書類を提出する

　相続税は、第15表まである申告書の多さもさることながら、その添付書類のバリエーションも実に豊富です。被相続人および相続人の身分を証明する書類を始めとして、相続により取得する財産の価格を証明する書類、特例を受ける場合にのみ必要となる書類など、さまざまな種類があります。どのような財産が相続の対象となっているのか、またどの特例を受けるのかによっても提出する添付書類は異なります。そのため、相続税の申告書を提出するに際しては、必要になる添付書類を丁寧に確認していく必要があります。

　まずは、特例の適用を受けない場合に提出する添付書類について見ていきましょう。この場合の添付書類は、大きく分けて２つに分けられます。１つ目は相続人の身分や相続の権利を証明する書類、２つ目は相続により取得する財産や債務の価格を証明する書類です。

　１つ目の相続人の身分や相続の権利を証明する書類は４つあります。まず、相続人や被相続人の身分を証明する書類として、「被相続人およびすべての相続人の戸籍謄本」を用意します。戸籍謄本は相続開始の日から10日以上経過した日に作成されたものでなければなりません。

　次に、相続の権利を証明する書類として、「遺言書または遺産分割協議書の写し」および「遺産分割協議書への押印に使用したすべての相続人の印鑑証明書」です。この２つの書類に関しては、配偶者の税額軽減及び小規模宅地等の特例を適用しない場合は添付しなくてもよいものとされています。最後は、「被相続人及び相続時精算課税適用者の戸籍の附票の写し」です。この書類は、相続時精算課税適用者が

いる場合にのみ提出します。上記書類のうち、戸籍謄本と印鑑証明書
は、各市町村の役所で取ることができます。

　次に、相続により取得する財産や債務の価格を証明する書類を見て
いきましょう。この書類は取得する財産の種類に応じて用意するため、
様式の種類は多岐に及びます。代表的なものは以下のとおりです。

【財産】
・土地・建物…登記簿謄本、固定資産税評価明細書
・退職金・生命保険金…支払通知書
・預貯金…預金残高証明書、過去の通帳の写し等
・家財…明細を記載した用紙
【債務】
・借入金…金銭消費貸借契約書の写し、または銀行の残高証明書
・未納付となっている租税公課…課税通知書、納付書
・保険料や公共料金等の未払金…請求書、領収書
・葬儀費用…領収書（ない場合は明細を記載した用紙）

　財産の中には、その評価額の計算に使用する評価明細書の添付が必
要なものもあります。たとえば、土地であれば「土地及び土地の上
に存する権利の評価明細書」、上場株式であれば「上場株式の評価明
細書」（241ページ）を添付します。「土地及び土地の上に存する権利
の評価明細書」（242ページ）は、相続や贈与に際して土地を取得した
場合に提出します。取得した土地の路線価などに基づいて１㎡当たり
の価額を算出し、取得した土地全体の評価額を求めます。「上場株式
の評価明細書」は贈与や相続により上場株式を取得した場合に作成し、
一株当たりの評価額の計算を行います。株価には毎日値動きがありま
すので、原則としてその評価を行う日の最終価格で評価計算を行いま
す。評価を行う日とは、贈与の場合は財産を取得した日、相続の場合

は被相続人が亡くなった日のことで、これを「課税時期」といいます。ただし、課税時期の属する月の毎日の最終価格の平均額、その前月の毎日の最終価格の平均額、前々月の毎日の最終価格の平均額と比較して、最も低い価格を選択することができます。それぞれの株価については、証券会社等を通して調べることが可能です。証券会社等から取り付けた株価に関する資料などの書類については、明細書に添付し、税務署へ提出します。

特例の適用を受ける場合に提出する書類がある

特例の適用を受ける場合は、前述した書類にさらに追加する必要があります。追加する書類は適用する特例に応じて異なりますので、ここでは特例の中でも代表的なケースを見ていきましょう。

まず、配偶者の税額軽減を適用するケースです。基本的には前述した、特例の適用を受けない場合に提出する添付書類（遺産分割協議書（または遺言書）の写し、相続人全員の印鑑証明書を含みます）と同じです。ただし、申告期限内に遺産分割が完了しない場合は、「申告期限後3年以内の分割見込書」も添付します。

次に、小規模宅地等の特例の適用を受ける場合です。特例の対象となる宅地が特定居住用宅地等である場合は、特例の適用を受けない場合に提出する添付書類に「住民票の写し」を追加します。また、相続開始前に当該宅地に居住していなかったなど一定の要件を満たす人が相続人である場合は、さらに「戸籍の附票の写し」「相続開始前3年以内に居住していた家屋が、自己又は自己の配偶者の所有する家屋以外の家屋である旨を証する書類」を追加します。申告期限内に遺産分割が完了しない場合に「申告期限後3年以内の分割見込書」を添付する点は、配偶者の税額軽減を適用する場合と同じです。

書式　上場株式の評価明細書

上　場　株　式　の　評　価　明　細　書

銘　　柄	取引所等の名称	課税時期の最終価格 月　日	課税時期の最終価格 ①価　額	最終価格の月平均額 課税時期の属する月 ②5月	最終価格の月平均額 課税時期の属する月の前月 ③4月	最終価格の月平均額 課税時期の属する月の前々月 ④3月	評価額（①の金額又は①から④までのうち最も低い金額）	増資による権利落等の修正計算その他の参考事項
○○電力㈱	東1	10月15日	円 530	円 535	円 542	円 556	円 530	
○○建設㈱	東1	10月15日	765	771	785	793	765	
㈱○○電鉄	東1	10月15日	1,045	1,050	1,010	1,035	1,010	

記載方法等

1　「**取引所等の名称**」欄には、課税時期の最終価格等について採用した金融商品取引所名及び市場名を、例えば、東京証券取引所の市場第1部の最終価格等を採用した場合には、「東1」と記載します。

2　「**課税時期の最終価格**」の「**月日**」欄には、課税時期を記載します。ただし、課税時期に取引がない場合等には、課税時期の最終価格として採用した最終価格についての取引月日を記載します。

3　「**最終価格の月平均額**」の「②」欄、「③」欄及び「④」欄には、それぞれの月の最終価格の月平均額を記載します。ただし、最終価格の月平均額について増資による権利落等の修正計算を必要とする場合には、修正計算後の最終価格の月平均額を記載するとともに、修正計算前の最終価格の月平均額をかっこ書きします。

4　「**評価額**」欄には、負担付贈与又は個人間の対価を伴う取引により取得した場合には、「①」の金額を、その他の場合には、「①」欄から「④」までのうち最も低い金額を記載します。

5　各欄の金額は、各欄の表示単位未満の端数を切り捨てます。

（資4-30-A4標準）

土地及び土地の上に存する権利の評価明細書（第1表） 　東京 局(所)武蔵野 署 令和2年分 ××ページ

（住居表示） （東京都武蔵野市○-○-○）	住所 （所在地）	東京都武蔵野市○-○-○	使用者	住所 （所在地）	東京都武蔵野市○-○-○
所在地番 東京都武蔵野市○-○-○	所有者 氏名 （法人名）	井上 悠人		氏名 （法人名）	井上 悠人

地目	宅地 山林 田 雑種地 畑	地積 60 ㎡	路線価				地形図及び参考事項

正面 221,000 円　側方 222,000 円　側方　円　裏面　円

間口距離 10 m　奥行距離 6 m

利用区分：自用地 私道 貸宅地 貸家建付借地権 貸家建付地 転貸借地権 借地権（ ）

地区区分：ビル街地区 高度商業地区 繁華街地区 普通商業・併用住宅地区 普通住宅地区 中小工場地区 大工場地区

		（1㎡当たりの価額） 円	
自用地1平方メートル当たりの価額	1 一路線に面する宅地 （正面路線価） 221,000 円 ×（奥行価格補正率） 0.95	209,950	A
	2 二路線に面する宅地 （A） 209,950 円 ＋（側方・裏面 路線価）（222,000 円 × 1.00（奥行価格補正率） × 0.03（側方・二方 路線影響加算率））	216,610	B
	3 三路線に面する宅地 （B） 円 ＋（側方・裏面 路線価）（ 円 ×（奥行価格補正率） × （側方・二方 路線影響加算率））	円	C
	4 四路線に面する宅地 （C） 円 ＋（側方・裏面 路線価）（ 円 ×（奥行価格補正率） × （側方・二方 路線影響加算率））	円	D
	5-1 間口が狭小な宅地等 （AからDまでのうち該当するもの） 円 ×（間口狭小補正率）（奥行長大補正率）	円	E
	5-2 不 整 形 地 （AからDまでのうち該当するもの） 不整形地補正率※ 円 × 0. ※不整形地補正率の計算 （想定整形地の間口距離）（想定整形地の奥行距離）（想定整形地の地積） m × m = ㎡ （想定整形地の地積）（不整形地の地積）（想定整形地の地積）（かげ地割合） （ ㎡ － ㎡）÷ ㎡ ＝ ％ （不整形地補正率表の補正率）（間口狭小補正率） （小数点以下2位未満切捨て） 0. × ＝ 0. ① 不整形地補正率 （①、②のいずれか低い率、0.6を下限とする。） （奥行長大補正率）（間口狭小補正率） 0. × ＝ 0. ② 0.	円	F
	6 地積規模の大きな宅地 （AからFまでのうち該当するもの） 規模格差補正率※ 円 × 0. ※規模格差補正率の計算 （地積（A））（B）（C）（地積（A）） （小数点以下2位未満切捨て） {（ ㎡ × ＋ ）÷ ㎡}× 0.8 ＝ 0.	円	G
	7 無 道 路 地 （F又はGのうち該当するもの） 円 ×（1 － 0.（※）） ※割合の計算（0.4を上限とする。） （正面路線価）（通路部分の地積）（F又はGのうち該当するもの）（評価対象地の地積） （ 円 × ㎡）÷（ 円 × ㎡）＝ 0.	円	H
	8-1 がけ地等を有する宅地 〔南 、東 、西 、北 〕 （AからHまでのうち該当するもの） （がけ地補正率） 円 × 0.	円	I
	8-2 土砂災害特別警戒区域内にある宅地 （AからHまでのうち該当するもの） 特別警戒区域補正率※ 円 × 0. ※がけ地補正率の適用がある場合の特別警戒区域補正率の計算（0.5を下限とする。） 〔南、東、西、北〕 （特別警戒区域補正率表の補正率）（がけ地補正率） （小数点以下2位未満切捨て） 0. × 0. ＝ 0.	円	J
	9 容積率の異なる2以上の地域にわたる宅地 （AからJまでのうち該当するもの） 円 ×（1 － 0.（控除割合（小数点以下3位未満四捨五入））	円	K
	10 私 道 （AからKまでのうち該当するもの） 円 × 0.3	円	L

自用地の評価額	自用地1平方メートル当たりの価額 （AからLまでのうちの該当記号） （A） 216,610 円	地 積 60 ㎡	総 額 （自用地1㎡当たりの価額）×（地 積） 12,996,600 円	M

(注) 1 5-1の「間口が狭小な宅地等」と5-2の「不整形地」は重複して適用できません。
2 5-2の「不整形地」の「AからDまでのうち該当するもの」欄の価額について、AからDまでの欄で計算できない場合には、（第2表）の「備考」欄等で計算してください。
3 「がけ地等を有する宅地」であり、かつ、「土砂災害特別警戒区域内にある宅地」である場合については、8-1の「がけ地等を有する宅地」欄ではなく、8-2の「土砂災害特別警戒区域内にある宅地」欄で計算してください。

（資4-25-1-A4統一）

5

相続税の延納と物納について知っておこう

物納とは相続税を金銭以外の財産で納付することである

相続税の延納とは

納付期限までに金銭により相続税を納めることができないときは、一定の要件を満たした場合に限り、延納または物納が認められます。

相続税の延納とは、相続税を一度に全額を払えないときに、毎年一定額ずつ支払っていくことです。延納をするには、以下の要件を満たすことが必要です。

・納付する金額が10万円を超えること

・金銭で一度に納付することが難しい理由があること

・延納税額に見合う担保を提供すること（担保に提供できるものは国債などの有価証券や土地などの一定のものに限られています。なお、延納する税額が100万円以下で、かつ、延納期間が3年以内の場合には担保は不要です）

・相続税の納期限（相続の開始を知った日の翌日から10か月以内）までに延納申請書を提出すること

税務署は、提出のあった書類の内容を調査した後に、適正であれば許可の通知をします。延納できる期間は、原則として5年以内ですが、不動産等の占める割合によっては10年から20年まで延長することができます。有価証券や現金、預金といった動産と比べると、不動産は換金化が難しいと考えられるためです。また、延納の場合には、相続税額と延納期間に応じて利息がかかります。これを利子税といいます。利子税についても、不動産等の占める割合が高いほど低く設定されています。延納の利子税率より金融機関からの借入金利率が低い時は、延納をやめて金融機関から借りて払ってしまうのも得策です。

なお、初めに延納を選択した場合でも、一定の条件にあえば後から物納に切り替えることもできます。具体的には、延納の許可を受けた後で支払いが難しくなったなど、延納する約束が守れなくなった場合に、申告期限から10年以内であれば、まだ納めていない税金分に関して延納から物納に変更できます。また、反対に物納から延納に切り替えることも可能です。

相続税の物納とは

　税金は、金銭で納付することが原則ですが、不動産しか相続しなかった場合など、相続税を延納によっても金銭で納付することが困難な場合には、申請により**物納**をすることができます。

　物納は、納税者の売り急ぎによる不利益を回避するために設けられている制度です。たとえば、相続税が課税された土地を、被相続人の死亡時の路線価等で評価した額で納税する方法です。路線価等で評価した額が実際の売却予定額を上回る状況では物納が有利になります。

　物納の要件は、①延納によっても金銭で納付することが困難な事情があること、②納期限または納付すべき日（物納申請期限）までに物納申請書に物納手続関係書類を添付して提出すること、です。

　ただし、物納申請期限までに物納手続関係書類を提出することができない場合は、「物納手続関係書類提出期限延長届出書」を提出することにより、1回につき3か月を限度として、最長で1年まで物納手続関係書類の提出期限を延長することができます。物納申請書が提出された場合には、税務署では、その物納申請に係る要件の調査結果に基づいて、物納申請期限から3か月以内に許可または却下を行います。申請財産の状況によっては、許可または却下までの期間を最長で9か月まで延長する場合があります。

　なお、物納できない財産もあり、物納できる財産についても物納に充てる際の優先順位が決まっています（次ページ図）。

延納・物納手続きを利用する場合の添付書類

延納または物納をする場合は、定められた書類を提出することが必要です。延納が認められる要件の中には、金銭納付が困難である事情があることおよび担保を提供することが含まれています。そのため、延納申請する時は、「延納申請書」の他、「金銭納付を困難とする理由書」「延納申請書別紙（担保目録および担保提供書）」「不動産等の財産の明細書」「担保提供関係書類」を提出することになります。「担保提供関係書類」は担保財産の種類によって異なり、たとえば土地であれば「登記事項証明書」や「固定資産税評価明細書」などが必要になります。

物納が認められる要件の中には、延納と同じように、金銭納付が困難である事情があること、という内容が含まれています。一方で、延納とは異なり財産により相続税を納付することから、申請財産が物納適格財産であり、かつ、定められた順位によっている必要もあります。そのため、物納を申請する時は、「物納申請書」「金銭納付を困難とする理由書」の他、「物納財産目録」「物納手続関係書類」を提出することになります。「物納手続関係書類」は財産の種類に応じて異なりますが、たとえば土地であれば「登記事項証明書」「地積測量図」「公図の写し」などを提出します。

■ 物納できる財産とできない財産 ·····························

物納できる財産	物納できない財産
物納の順位 ↓ ① 国債・地方債・不動産・船舶・上場株式 ② 非上場株式など ③ 動産	・抵当権がついている不動産 ・共有財産 ・所有権の帰属について争いのある財産　など

相続税延納申請書

税務署
収受印

品川 税務署長殿

令和 3 年 8 月 20 日

（〒140-XXXX）

住 × 　**東京都品川区××○-○-○**

フリガナ　　　　タナカ　　ゴロウ
氏　名　　**田中　五郎**　　　　　㊞

法人番号

職　業　**会社員**　　　電　話 03-○○○○-○○○○

下記のとおり相続税の延納を申請します。

記

1　延納申請税額

	円
① 納付すべき相続税額	167,976,500
② ①のうち物納申請税額	52,200,000
③ ①のうち納税猶予をする税額	
差引 ①－②－③	115,776,500
④ のうち現金で納付する税額	785,200
延納申請税額 （④－⑤）	114,991,300

2　金銭で納付することを困難とする理由

別紙「金銭納付を困難とする理由書」のとおり。

3　不動産等の割合

区　分	課税相続財産の価額（③の税額がある場合には農業投資価格等によります。）	割　合
割合の判定　立木の価額	⑤	⑩ （⑦／⑨）（端数処理不要） 0.
不動産等（⑦を含む。）の価額	⑥ 362,900,560	⑪ （⑧／⑨）（端数処理不要） 0.7959
全体の課税相続財産の価額	⑦ 455,953,410	
割合の計算　立木の価額	⑫ （千円未満の端数切捨て） ,000	⑮ 小数点第三位未満切り上げ ⑫／⑭ 0.
不動産等（⑦を含む。）の価額	⑬ （千円未満の端数切捨て） 362,900 ,000	⑯ 小数点第三位未満切り上げ ⑬／⑭ 0.796
全体の課税相続財産の価額	⑭ （千円未満の端数切捨て） 455,953 ,000	

4　延納申請税額の内訳

				5 延納申請年数	6 利子税の割合
不動産等の割合（⑪）が75％以上の場合	不動産等に係る延納相続税額	④×⑯と⑥とのいずれか少ない方の金額 ⑰ （100円未満端数切り上げ） 92,158,100		最高20年以内 20	3.6
	動産等に係る延納相続税額 （⑥－⑰）	⑱ 22,833,200		最高10年以内 10	5.4
不動産等の割合（⑪）が50％以上75％未満の場合	不動産等に係る延納相続税額	④×⑯と⑥とのいずれか少ない方の金額 ⑲ （100円未満端数切り上げ） 00		最高20年以内	3.6
	動産等に係る延納相続税額 （⑥－⑲）	⑳		最高10年以内	5.4
不動産等の割合（⑪）が50％未満の場合	立木に係る延納相続税額	④×⑮と⑥とのいずれか少ない方の金額 ㉑ （100円未満端数切り上げ） 00		最高5年以内	4.8
	その他の財産に係る延納相続税額 （⑥－㉑）	㉒		最高5年以内	6.0

作成税理士署名押印　事務所所在地　電話番号

7　不動産等の財産の明細　　　別紙不動産等の財産の明細書のとおり

㊞ **8　担　　保**　　　別紙目録のとおり

税務署 整理欄	郵 送 等 年 月 日	担当者印
	令和　年　月　日	

9　分納税額、分納期限及び分納税額の計算の明細

延納相続税額の分納税額
（1,000円未満の端数が生ずる場合には端数金額は第1回に含めます。）

期　　間	分　納　期　限	㉔ 不動産等又は立木に係る税額 （⑰÷「5」欄の年数）、 （⑲÷「5」欄の年数）又は （㉑÷「5」欄の年数）	㉕ 動産等又はその他の財産に係る税額 （⑱÷「5」欄の年数）、 （⑳÷「5」欄の年数）又は （㉒÷「5」欄の年数）	分　納　税　額　計 （㉔＋㉕）
第　1　回	令和　4　年　8　月　20　日	4,625,100 円	2,286,200 円	6,911,300 円
第　2　回	5　年　8　月　20　日	4,607,000	2,283,000	6,890,000
第　3　回	6　年　8　月　20　日	4,607,000	2,283,000	6,890,000
第　4　回	7　年　8　月　20　日	4,607,000	2,283,000	6,890,000
第　5　回	8　年　8　月　20　日	4,607,000	2,283,000	6,890,000
第　6　回	9　年　8　月　20　日	4,607,000	2,283,000	6,890,000
第　7　回	10　年　8　月　20　日	4,607,000	2,283,000	6,890,000
第　8　回	11　年　8　月　20　日	4,607,000	2,283,000	6,890,000
第　9　回	12　年　8　月　20　日	4,607,000	2,283,000	6,890,000
第10回	13　年　8　月　20　日	4,607,000	2,283,000	6,890,000
第11回	14　年　8　月　20　日	4,607,000		4,607,000
第12回	15　年　8　月　20　日	4,607,000		4,607,000
第13回	16　年　8　月　20　日	4,607,000		4,607,000
第14回	17　年　8　月　20　日	4,607,000		4,607,000
第15回	18　年　8　月　20　日	4,607,000		4,607,000
第16回	19　年　8　月　20　日	4,607,000		4,607,000
第17回	20　年　8　月　20　日	4,607,000		4,607,000
第18回	21　年　8　月　20　日	4,607,000		4,607,000
第19回	22　年　8　月　20　日	4,607,000		4,607,000
第20回	23　年　8　月　20　日	4,607,000		4,607,000
計		（⑰、⑲又は㉑の金額） 92,158,100	（⑱、⑳又は㉒の金額） 22,833,200	（⑥の金額） 114,991,300

10　その他参考事項

右の欄の該当の箇所を○で囲み住所氏名及び年月日を記入してください。	被相続人・遺贈者	（住所）東京都墨田区××○－○－○	
		（氏名）田中　宗太郎	
	相　続　開　始　遺　贈　年　月　日		平成・令和　2　年　10月　20日
	申告（期限内）・期限後、修正）、更正、決定年月日		令和　3　年　8　月　20日
	納　　　期　　　限		令和　3　年　8　月　20日
物納申請の却下に係る延納申請である場合は、当該却下に係る「相続税物納却下通知書」の日付及び番号			平成・令和　第　　号 　年　月　日

氏 名　　**田中 五郎**

各 種 確 約 書

　提供しようとする担保が以下に掲げるものである場合、担保の種類に応じて以下の確約が必要となりますので、該当する事項を確認した上、該当欄文頭の□にチェックしてください。
　なお、担保の種類が複数の場合、該当するすべての事項にチェックしてください。

【土地】

【抵当権設定手続関係書類提出確約書】
　☑　私の延納申請に関して、税務署長から次の書類の提出を求められた場合には、速やかに提出することを約します。
　　1　担保（土地）所有者の抵当権設定登記承諾書
　　2　担保（土地）所有者の印鑑証明書

【建物、立木、及び登記される船舶並びに登録を受けた飛行機、回転翼航空機及び自動車並びに登記を受けた建設機械（以下「建物等」という。）で保険に付したもの】

【抵当権設定手続関係書類提出確約書】
　□　私の延納申請に関して、税務署長から次の書類の提出を求められた場合には、速やかに提出することを約します。
　　1　担保（建物等）所有者の抵当権設定登記（登録）承諾書
　　2　担保（建物等）所有者の印鑑証明書

【鉄道財団、工場財団、鉱業財団、軌道財団、運河財団、漁業財団、港湾運送事業財団、道路交通事業財団及び観光施設財団（以下「財団等」という。）】

【抵当権設定手続関係書類提出確約書】
　□　私の延納申請に関して、税務署長から次の書類の提出を求められた場合には、速やかに提出することを約します。
　　1　担保（財団等）所有者の抵当権設定登記（登録）承諾書
　　2　担保（財団等）所有者の印鑑証明書

書式　相続税物納申請書

相 続 税 物 納 申 請 書

税務署
収受印

品川 税務署長殿
令和 3 年 8 月 20 日

(〒140−××××)

住 所　**東京都品川区××○−○−○**

フリガナ　　ハラダ　アキノリ
氏 名　**原田　明憲**　　　　　　　㊞

法人番号 ［　　　　　　　　　　　　　　］

職 業　**会社員**　　　電 話 03-○○○○-○○○○

下記のとおり相続税の物納を申請します。

記

1　物納申請税額

① 相 続 税 額		円 128,700,000
同上のうち	②現金で納付する税額	785,200
	③延納を求めようとする税額	56,891,100
	④納税猶予を受ける税額	
	⑤物納を求めようとする税額 (①−(②+③+④))	71,023,700

2　延納によっても金銭で納付する
　ことを困難とする理由

（物納ができるのは、延納によっても金銭で納付することが困難な範囲に限ります。）

別紙「金銭納付を困難とする理由書」のとおり）

（作成税理士 事務所所在地・電話番号 署名押印）

3　物納に充てようとする財産

別紙目録のとおり。

4　物納財産の順位によらない場合等の事由

別紙「物納劣後財産等を物納に充てる理由書」のとおり）

※ 該当がない場合は、二重線で抹消してください。

5　その他参考事項

右の欄の該当の箇所を○で囲み住所氏名及び年月日を記入してください。	被相続人 遺贈者	(住所 **東京都墨田区××○−○−○**			
		(氏名 **原田 昭雄**			
	相 続 開 始 遺 贈 年 月 日	平成 令和 **2** 年 **10** 月 **20** 日			
	申告(期限内)期限後、修正、更正、決定年月日	令和 **3** 年 **8** 月 **20** 日			
	納 期 限	令和 **3** 年 **8** 月 **20** 日			
納税地の指定を受けた場合のその指定された納税地					
物納申請の却下に係る再申請である場合は、当該却下に係る「相続税物納却下通知書」の日付及び番号		平成 令和	第 年 月	号 日	

税務署 整理欄	郵 送 等 年 月 日	担当者印
	令和 年 月 日	

Q 連帯納付制度とはどんなものなのでしょうか。

A 　相続人の1人が相続税を支払わず、税務署からの督促にも応じない場合には、他の相続人が代わりに支払う義務を負います。これを**連帯納付義務**といいます。つまり、相続税の支払いについては、相続人全員が連帯して支払う責任を負うということです。この連帯納付義務は、借金の連帯保証とよく似ています。滞納した本人が支払いに充てるだけの財産を持っているかどうか、税務署が本人から回収する努力を尽くしたかどうかに関わりなく、他の相続人は、相続税を支払わなければならないからです。

　しかも、連帯納付の相続税については、延滞も物納も認められておらず、現金で一括払いしなければなりません。この支払いを怠れば、財産を差し押さえられる可能性もあります。

　さらに、連帯納付制度は、同一の被相続人から相続または遺贈によって財産を取得したすべての人を対象にしています。つまり、遺言によって財産を受け取った人が相続税の支払いを怠った場合でも、相続人である妻や子どもが、代わりに支払わなければならないということです。

　なお、連帯納付義務を負わされてしまった相続人が相続税を、本来相続税を納めるべき人の代わりに払う場合には、延滞分の利子が軽減されます。また、相続税の申告期限から5年を経過していて、税務署から納付書が届いていない時、納税猶予を受けた時、延納を受けた時には、連帯納付義務が解除されることになっています。

6

贈与税の申告書の作成方法

贈与税の申告書の書き方

　相続以外の理由で個人が財産を取得した場合には、贈与税がかかります。贈与税は、贈与を受けた人が、1月から12月までの暦年ごとに、贈与を受けた人の住所の管轄税務署へ、自ら申告書を提出する方法で申告を行います。税の申告および納付の期限は、贈与を受けた日の翌年3月15日です。

　相続時精算課税（169ページ）を適用しない場合、その年中に受けた贈与に関する事項を、「Ⅰ暦年課税分」の欄に記入します。「取得した財産の明細」には、財産の種類ごとに財産を取得した年月日と、財産の評価明細書において計算した評価額など、各項目に必要事項を記載します。事例のように現金や預金の場合、受け取った金額をそのまま記入します。評価明細書を作成している場合には、贈与税の申告書に添付し、併せて税務署へ提出します。贈与税には、110万円の「基礎控除額」があり、基礎控除額以下の贈与については課税されません。

　なお、贈与を受けた人が20歳以上で、両親や祖父母など「直系尊属」から贈与を受けた場合、「特例贈与財産」（253ページの書式）として、一般贈与財産（254ページの書式）とは異なる税率（特例税率）が適用されます。

　特例税率が適用された場合、贈与税額は一般贈与財産より少なくなります。たとえば、同じ500万円の贈与を受けた場合であっても、贈与者が直系尊属以外の場合は、（500万 − 110万）×20% − 25万 = 53万円を納税することになりますが、贈与者が直系尊属の場合の納税額は、（500万 − 110万）×15% − 10万 = 48万5,000円となり、4万5,000円の差

が生じることになります。

　贈与税申告書の「Ⅰ暦年課税分」の欄には、「ⅰ特例贈与財産分」と「ⅱ一般贈与財産分」の二項目に分けられています。

　また、現在の贈与については、110万円控除後の課税価格の区分（速算表）が8段階になっており、最大税率は55％（特例贈与は4,500万円超、一般贈与は3,000万円超の場合）になっています。

「特例贈与財産」と「一般贈与財産」の両方を取得した場合

　同じ年度中に父と兄弟から財産を受け取った場合、父からの財産は「特例贈与財産」ですが、兄弟から受け取った財産は「一般贈与財産」という取扱いになります。このように混在している場合、いったん両方の財産を合算し、基礎控除額110万円を差し引いた課税される部分の金額を計算します。これを受け取った財産の比率により、特例と一般の、2つの金額に分割して計算を行います。

　たとえば父から500万円、兄弟から500万円を受け取った場合で見てみます。贈与財産全体から基礎控除額を差し引いた金額は、500万円＋500万円－110万円＝890万円。贈与財産全体500万円＋500万円＝1,000万円のうち、父から受け取った特例贈与財産は500万円です。

　つまり、890万円のうち、特例税率が適用されるのは890万円×500万円/1,000万円＝445万円ということになります。残りの890万円－445万円＝445万円には、一般税率が適用されます。

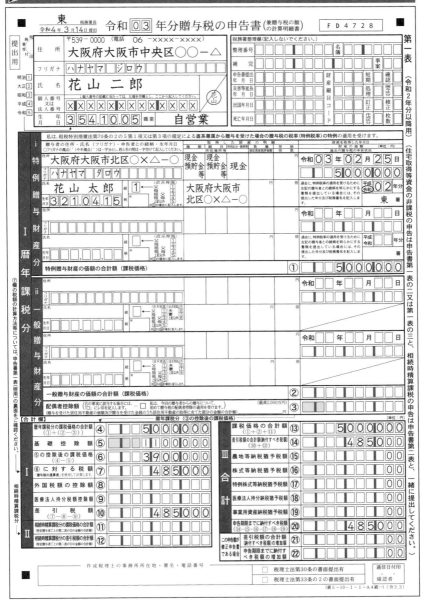

東税務署長　令和03年分贈与税の申告書（兼贈与税の額の計算明細書）　FD4728

令和4年3月14日提出

税務署受付印

提出用

住所	〒539-0000（電話 06 -××××-××××） 大阪府大阪市中央区○○-△
フリガナ	ハナヤマ シ ロウ
氏名	花山 二郎
個人番号又は法人番号	×××××××××××
生年月日	3 54.10.05
職業	自営業

明治1 大正2 昭和3 平成4 令和5

税務署整理欄（記入しないでください。）

整理番号　名簿　補完　事案　申告書提出年月日　財産細目コード　短期　長期　確認　処理　訂正　修正　災害等延長年月日　出国年月日　死亡年月日

第一表（令和2年分以降用）

i 特例贈与財産分

私は、租税特別措置法第70条の2の5第1項又は第3項の規定による直系尊属から贈与を受けた場合の贈与税の税率（特例税率）の特例の適用を受けます。

贈与者の住所・氏名（フリガナ）・申告者との続柄・生年月日	取得した財産の明細	過去の贈与税の申告状況	財産を取得した年月日 財産の価額（単位：円）
フリガナ 氏名 続柄 生年月日		令和 年 月 日	
フリガナ 氏名 続柄 生年月日		令和 年 月 日	

特例贈与財産の価額の合計額（課税価格）　①

ii 一般贈与財産分

| 住所 大阪府大阪市北区○×△-○ フリガナ ハナヤマ カズオ 氏名 花山一夫 続柄 8 生年月日 351.08.20 | 種類 現金預貯金等 細目 現金預貯金等 目 現金 所在場所等 大阪府大阪市北区○×△-○ | 令和03年02月25日 5000000 |

一般贈与財産の価額の合計額（課税価格）　②　5000000

配偶者控除額　③（最高2,000万円）

【合計欄】

I 暦年課税分

暦年課税分の課税価格の合計額（①+②-③）④	5000000
基礎控除額 ⑤	1100000
⑤の控除後の課税価格（④-⑤）⑥	3900000
⑥に対する税額 ⑦	530000
外国税額の控除額 ⑧	
医療法人持分税額控除額 ⑨	
差引税額（⑦-⑧-⑨）⑩	530000

II 相続時精算課税分

相続時精算課税分の課税価格の合計額 ⑪
相続時精算課税分の差引税額の合計額 ⑫

III 合計

課税価格の合計額（④+⑪）⑬	5000000
差引税額の合計額（納付すべき税額）（⑩+⑫）⑭	530000
農地等納税猶予税額 ⑮	0 0
株式等納税猶予税額 ⑯	0 0
特例株式等納税猶予税額 ⑰	0 0
医療法人持分納税猶予税額 ⑱	0 0
事業用資産納税猶予税額 ⑲	0 0
申告期限までに納付すべき税額（⑭-⑮-⑯-⑰-⑱-⑲）⑳	530000
差引税額の合計額（納付すべき税額）の増加額 ㉑	0 0
申告期限までに納付すべき税額 ㉒	0 0

作成税理士の事務所所在地・署名・電話番号

□ 税理士法第30条の書面提出有
□ 税理士法第33条の2の書面提出有

通信日付印　確認者

（資5-10-1-1-A4統一）（令3.3）

【監修者紹介】

旭　祐樹（あさひ　ゆうき）

1982年生まれ。大阪府出身。認定司法書士（大阪司法書士会所属）。近畿大学法学部法律学科卒業。子どもの頃の経験から司法書士をめざす。大阪の司法書士事務所勤務を経て、司法書士あさひ事務所を開設。何でも話せる身近な司法書士になれるよう日々努めている。相談に対しては、最善の解決策の提案と丁寧な説明を大事にしており定評がある。また、相続に関するどんな小さな悩みでも気楽に相談できるように、あさひ相続手続相談所も開設している。

あさひ相続手続談所
http://www.asahi-legal.com

武田　守（たけだ　まもる）

1974年生まれ。東京都出身。公認会計士・税理士。慶應義塾大学卒業後、中央青山監査法人、太陽有限責任監査法人、東証1部上場会社勤務等を経て、現在は武田公認会計士・税理士事務所代表。監査法人では金融商品取引法監査、会社法監査の他、株式上場準備会社向けのIPOコンサルティング業務、上場会社等では税金計算・申告実務に従事。会社の決算業務の流れを、監査などの会社外部の視点と、会社組織としての会社内部の視点という2つの側面から経験しているため、財務会計や税務に関する専門的なアドバイスだけでなく、これらを取り巻く決算体制の構築や経営管理のための実務に有用なサービスを提供している。

著作として『株式上場準備の実務』（中央経済社、共著）、『入門図解　会社の税金【法人税・消費税】しくみと手続き』『不動産税金【売買・賃貸・相続】の知識』『入門図解　消費税のしくみと申告書の書き方』『入門図解　会社の終わらせ方・譲り方【解散清算・事業承継・M＆A】の法律と手続き実践マニュアル』『図解で早わかり　会計の基本と実務』『個人開業・青色申告の基本と手続き 実践マニュアル』『図解で早わかり　会社の税金　しくみと手続き』『暮らしの税金　しくみと手続き』『事業再編・M＆A【合併・会社分割・事業譲渡】の法律と手続き』（小社刊）がある。

すぐに役立つ
相続登記・相続税・事業承継の法律と書式

2021年12月30日　第1刷発行

監修者　旭祐樹　武田守
発行者　前田俊秀
発行所　株式会社三修社
　　　　〒150-0001　東京都渋谷区神宮前 2-2-22
　　　　TEL　03-3405-4511　FAX　03-3405-4522
　　　　振替　00190-9-72758
　　　　https://www.sanshusha.co.jp
　　　　編集担当　北村英治
印刷所　萩原印刷株式会社
製本所　牧製本印刷株式会社
©2021 Y. Asahi & M. Takeda Printed in Japan
ISBN978-4-384-04882-7 C2032